Peter Hille • Neu aufgefundene Texte 1877–1904

AF288984

Peter Hille

Neu aufgefundene Texte

1877–1904

Im Auftrag der Peter-Hille-Gesellschaft
herausgegeben von Christoph Knüppel

2023

Bibliografische Information der Deutschen Nationalbibliothek

Die Deutsche Nationalbibliothek verzeichnet diese Publikation
in der Deutschen Nationalbibliografie; detaillierte bibliografische
Daten sind im Internet über http://dnb.d-nb.de abrufbar.

© 2023 Christoph Knüppel

Satz und Umschlaggestaltung: Christian Huppert, Werne
Einbandabbildung: »Schriftbild Peter Hille«
von Theresia Schüllner (Acryl auf Leinwand, 2003)
Herstellung & Verlag:
BoD – Books on Demand, Norderstedt
Printed in Germany
ISBN: 978-3-757-85414-0

Vorwort

Am 11. September 1983 gründete sich die Peter-Hille-Gesellschaft e.V. als Vereinigung der Freunde des Dichters Peter Hille, um auch in seiner ostwestfälischen Heimat die Erinnerung an Leben und Werk des Dichters wachzuhalten und durch weitere Forschung aufzuhellen. Den besonderen Anlass zur Gründung bot die in den 80er Jahren des letzten Jahrhunderts an der Universität Paderborn unter der Federführung von Prof. Friedrich Kienecker erarbeitete Ausgabe der „Gesammelten Werke" Peter Hilles in sechs Bänden. Im Zusammenwirken der Hille-Gesellschaft, der Universität Paderborn und der Literaturkommission Westfalen sind in den letzten 40 Jahren zahlreiche Publikationen zur Biographie und zum literarischen Werk Hilles erschienen, über die der Platz Peter Hilles in der Literaturgeschichte der zweiten Hälfte des 19. Jahrhunderts mittlerweile erfreulich detailliert bestimmt werden kann.

Zum 40-jährigen Jubiläum der Hille-Gesellschaft erscheint nun die vorliegende Sammlung neuer Texte von Peter Hille, die noch in keiner Werkausgabe enthalten sind. Die Entdeckung dieser Texte verdankt sich zum einen der fortschreitenden Verzeichnung von Autographen in Bibliotheken und Archiven, zum anderen der von Jahr zu Jahr anwachsenden Digitalisierung von Zeitungen, die in den meisten Fällen mit der Möglichkeit einer Volltextrecherche verknüpft ist. Weitere Entdeckungen an den Bildschirmen sind also nicht ausgeschlossen – und werden unser Bild von Hille ergänzen oder auch modifizieren.

Der vorliegende Band versammelt in chronologischer Anordnung Texte von Peter Hille, die in den vergangenen zwölf Jahren neu aufgefunden wurden oder von der Peter-Hille-Gesellschaft als Autographen angekauft werden konnten. Nicht aufgenommen wurden die 2011 erworbenen Autographen aus der Sammlung Joachim Maas, die bereits 2015 in dem Band *Welt und Ich, Neue Peter-Hille-Funde* von Walter Gödden, Michael Kienecker und Christoph Knüppel publiziert und kommentiert worden sind. Die Wiedergabe erfolgt in der originalen Rechtschreibung und Zeichensetzung. Offensichtliche

Lese- oder Druckfehler werden in eckigen Klammern korrigiert und kommentiert. Auch die mitunter recht eigenwillige Absatzgestaltung von Hille wurde beibehalten. Im Fall der Autographen werden auch durchgestrichene Wörter und Wortfolgen als solche wiedergegeben. Die Anmerkungen zu einzelnen Wörtern oder Sätzen wurden möglichst kurz gehalten. Unter den jeweiligen Texten finden sich Kommentare, die von Christiane Baumann (Texte 1, 2 und 8) und Christoph Knüppel stammen.

Die Peter-Hille-Gesellschaft dankt Christiane Baumann und Christoph Knüppel sehr herzlich für die intensiven Recherchen und Vorarbeiten, die diese „Jubiläums-Publikation" erst möglich gemacht haben.

Inhalt

Vorwort   5

Inhalt   7

1 Peter Hille an N. N. (1877)   9

2 Geisterspuk, oder das große Umgehen auf der
   Veste Koburg   13

3 Hermann Heiberg (1889)   18

4 Schönheitsausstellung in Rom (1890)   31

5 [Auf dem Rigi in der Schweiz] (1893)   36

6 Am eisernen Kreuz (1895)   40

7 Wilhelm Arent. Biographische Skizze (1896)   41

8 Berlin im Jahre 3297. Ein Ausblick (vermutlich: 1897)   50

9 Brennende Liebe. Ein Stimmungsbild (1897)   58

10 [„O du fröhliche, o du seelige Weihnachtszeit!"] (1897)   61

11 Dieser Weihnachtsmorgen schämte sich (1897)   62

12 Null und Ziffer. Eine Parabel (Für den „Sozialist") (1899)   64

13 Ein unglücklicher Millionär. Humoreske aus dem
   Schriftstellerleben (1901)   68

14 Der Dichter der Träume (1902)   78

15 Wie Katastrophen kommen und gehen (1903)   80

16 Freie Liebe (1903)   83

17 „Oale, stierw doch!" Eine westfälische Dorfgeschichte
   (1904)   85

18 Die neue Kirche   96

1 Peter Hille an N. N. (1877)

Leipzig, den 15. Juni 1877.

Hochgeehrter Herr!

Aus einem Stande, wo nur Bedientenseelen[1] herrschen, wo nur Bedientenseelen reüssiren[2] können, aus dem Justiz-Subaltern-Dienste[3], der mir zudem noch nichts einbrachte, in dessen kärglichen Sold ich erst nach einem rigorosen Examen in den geisttödtendsten Gegenständen gelangen konnte, dem gefängnißartigen Buerau entflohen, bin ich in Leipzig in trostloser Lage. Meinem Vater[4], der mich nicht weiter unterstützen kann, mag ich meinen Unterhalt schon deshalb nicht ansinnen, weil ich nach seiner Ansicht in's Blaue hinein gehandelt habe; jedenfalls kann ich, um ihm die Sorge meinethalben zu benehmen, ihn erst nach längerer Zeit um einen Zuschuss bitten. Die Hoffnung durch Gottschalls[5], dem ich meine Gedichte vorgelegt hatte, Empfehlung bei Ph. Reclam[6] eine Übersetzung de Musset's[7] für die Universalbibliothek zu bekommen, vereitelte sich durch Reclam's Refüs[8].

In nahezu 3 Wochen, die ich mich hier aufhalte, habe ich nur etwas Verdienst gehabt durch Abschreiben eines Trauer- und eines Lust-Spiels. Heute gedenke ich zu dem Redacteur der Deutschen

---

[1] Bedientenseelen: veraltet für angepasste und unterwürfige Menschen.
[2] reüssieren: (franz.) Anerkennung finden, Erfolg haben
[3] Subalternbeamte waren dem eigentlichen Verwaltungspersonal zur Unterstützung beigegeben und untergeordnet.
[4] Der Rentmeister Friedrich Wilhelm Hille (1827–1901).
[5] Rudolf Gottschall (1823–1909), der 1877 von Kaiser Wilhelm I. in den erblichen Adelsstand erhoben wurde, studierte zunächst Jura an der Universität Königsberg, wurde 1844 wegen seines linksliberalen Engagements und seiner jungdeutschen Gesinnung von der Universität relegiert und setzte sein Studium in Breslau und Berlin fort. Nach seinem Doktorexamen 1846 war er als Dramaturg und Redakteur tätig, gab 1865 bis 1888 in Leipzig die *Blätter für literarische Unterhaltung* und die Zeitschrift *Unsere Zeit* heraus, wobei er zunehmend national-konservative Positionen vertrat.
[6] Der Leipziger Verleger Anton Philipp Reclam (1807–1896).
[7] Alfred de Musset (1810–1857), französischer Romantiker.
[8] Refüs: (franz.) Weigerung, Ablehnung.

Dichterhalle[9], Dr. Ernst Eckstein[10] zu gehen. Hoffentlich thut sich da ein, wenn auch noch so kleines Pförtchen auf.

Doch ich bin fast einen Monat hier und meine Wirthsleute sehen mich mißtrauisch an, ob ich am Ende desselben bezahlen kann. Dieser Zustand ist mir unerträglich. Ich beschwöre deshalb Ew Hochgeboren mir eine Unterstützung zukommen zu lassen, die mich für eine kurze Frist der alle poetische Kraft und Sammlung nehmenden Unruhe entreißt.

Unter der Zeit, daß dann wieder die Noth Miene macht, sich auf mich zu stürzen, werde ich ihr schon begegnen. Wenn die beiliegenden Gedichte[11] Ew Hochgeboren nicht Stümperei scheinen, bitte ich um schleunige Hilfe: bis dat, qui cito dat.[12]

> Ew Hochgeboren
> ergebenster
> Peter Hille
> Burgstraße, 8IV.

Vereiteln Ew Hochgeboren meine Zuversicht nicht!

d. O.[13]

---

[9] Die Zeitschrift *Deutsche Dichterhalle*, 1872 in Leipzig gegründet, erschien bis 1883 halbmonatlich. Die Herausgeber waren Oskar Blumenthal, später Ernst Eckstein und schließlich Ernst Remin. Das Journal publizierte vornehmlich Gegenwartslyrik und feuilletonistische Beiträge.

[10] Ernst Eckstein (1845–1900), studierte in Gießen, Bonn und Marburg Jura, Philosophie sowie Philologie, war dann als freier Schriftsteller tätig und arbeitete von 1868 bis 1870 als Korrespondent u. a. in Paris, ab 1872 bei der *Neuen Freien Presse*, der seinerzeit führenden Wiener Zeitung. Berühmt wurde Eckstein durch seine Schulhumoresken, insbesondere *Der Besuch im Karzer* (1875). Von 1874 bis 1882 war Eckstein Redakteur der *Deutschen Dichterhalle*, die ein Magnet für die junge Dichter-Generation war. In den 1870er-Jahren publizierten in dem Journal zahlreiche spätere Naturalisten, darunter Heinrich und Julius Hart sowie Michael Georg Conrad; Peter Hille debütierte in Ecksteins Zeitschrift 1876 mit dem Gedicht „Hymnus der Dummen" und publizierte dort danach mehrere Beiträge.

[11] Dem vorliegenden Brief-Autographen lag lediglich das Gedicht *Prometheus* bei. Es gehörte offensichtlich zum Manuskript einer Gedichtsammlung Peter Hilles, die zwischen 1874 und 1876 entstand.

[12] Bis dat, qui cito dat: Doppelt gibt, wer schnell gibt. Lat. Sprichwort, das auf den römischen Philosophen Seneca d. J. (1-65 n. Chr.) zurückgeführt wird. In dessen *De beneficiis (Über die Wohltaten)* heißt es: „Ingratum est beneficium, quod diu inter manus dantis haesit": „Unangenehm ist die Wohltat, welche zu lange in der Hand des Gebers blieb".

[13] der Obige.

Prometheus:[14]

Entgegengeschmiedet
Auf schroffem Fels
Den Pfeilen der Sonne,
Dem Hagelgeprassel,
Trotz' ich Olympier Dir.
Der wiederwachsenden Leber
Zuckende Fibern
Hackt mir des Geiers Biß
Aus klaffender Wunde.
Ein Wimmern, glaubtest,
Olympier, Du,
Würden die rauschenden Winde
Ins frohaufhorchende
Ohr Dir tragen?
Nicht reut mich der Mensch,
Der Leben und Feuer mir dankt,
Nicht fleht' ich Entfesslung von Dir;
Jahrhunderte will ich
Felsentrotzig durchdauern,
Jahrtausende,
Wenn Dir die Lust nicht schwindet,
Wenn der Trotzende nicht
Zu glücklich Dir scheint.

---

[14] Es handelt sich um die einzige überlieferte handschriftliche Fassung des Gedichtes, dessen Erstdruck 1877 in der *Deutschen Dichtung. Organ für Dichtung und Kritik* unter der Redaktion von Albert Gierse und Heinrich Hart erfolgte. Zu Hilles Lebzeiten gab es einen weiteren Abdruck 1879 im *Jahrbuch deutscher Dichtung*. Kurz nach seinem Tod wurde das Gedicht in der Zeitschrift *Das literarische Echo* nach der Ausgabe der *Gesammelten Werke* 1904 abgedruckt. Auch in den Folgeauflagen der *Gesammelten Werke* 1916 und 1921 findet sich das Prometheus-Gedicht. Friedrich Kienecker griff bei der Ausgabe der *Gesammelten Werke* 1984–1986 auf den Abdruck im *Jahrbuch deutscher Dichtung* von 1879 zurück. Vergleicht man die Abdrucke mit der aufgefundenen Handschrift, so ist festzustellen, dass Hille auf eine strophische Gliederung, wie sie sich in den *Gesammelten Werken* der Jahre 1904, 1916 und 1921 findet, verzichtete. Weiter zeigt sich, dass die Abdrucke 1877 und 1879 der Hille'schen Handschrift am nächsten kommen.

Quelle: Universitätsbibliothek Leipzig, Sammlung Nebauer, L/Ha-Le/ L294. – Diese Sammlung, die 3.500 Briefe umfasst, wurde von dem gebürtigen Wiener, dem Tierarzt Paul Nebauer (1912–2004) angelegt, der zuletzt als Oberveterinärrat in Rostock tätig war. Mit Brieffaksimile ediert in Christiane Baumann: „Doppelt gibt, wer schnell gibt" – Ein unbekannter Brief des jungen Peter Hille, in: Literatur in Westfalen. Beiträge zur Forschung 18 (2022), S. 13–44.

Es handelt sich um den frühesten erhaltenen Brief von Peter Hille aus seiner Leipziger Zeit, die damit neu datiert werden kann. Hille hielt sich etwa vom 25. Mai 1877 bis zum Juni 1878 in der Buchmetropole auf.

Der Briefadressat konnte nicht ermittelt werden. Vieles deutet auf einen mit dem Leipziger Literaturbetrieb vertrauten Empfänger, bei dem es sich um den Germanisten Friedrich Zarncke (1825–1891) handeln könnte.

2 [Besprechung:] Geisterspuk, oder das große Umgehen auf der Veste Koburg. Fröhliches Heldengedicht in 15 Stücklein von *Fritz Hofmann*. (Leipzig 1877, Verlag des Bibliographischen Instituts) (1877)

Ein fröhliches Heldengedicht ist in der That dieses trefflich illustrirte Buch.

Es führt einen spleenigen Engländer nebst seinem immer durstigen Paddy auf die Veste Koburg[1], wo es Mitternacht unter der Rüstung lebendig wird, wo die alten Heldengestalten aus dem Rahmen treten, zum Umgehen.

Der Gegensatz dieser komischen Gestalten zu den ehrenfesten Nachtwandlern aus grauer Zeit, die Freundschaft zwischen ihnen, eingeleitet durch den realen Paddy, bei dem einen durch Cigarren, bei dem andern durch's Bier, ist nicht unwirksam.

Die Sache verhält sich nämlich so:

Einen Lord schmerzen seine „rindfleischstolzen" Zähne.

Er schickt seinen getreuen Paddy zur Veste Koburg, um ihm ein Spänlein von Luther's Bett[2], als magischen Stocher, zu holen.

Doch Paddy geräth zu Koburg in ein Wirtshaus und trinkt sich aus den Kleidern. Als er so dem Engländer erscheint, als Geist und ohne Span, fährt dieser aus der Haut, wie Paddy aus den Kleidern gefahren war. –

Jetzt kommt das Schicksal und verdammt die beiden, den einen wegen unbefugten Aus-den Kleidern-Fahrens, den andern wegen

---

[1] Die Veste Coburg, auch „Fränkische Krone" genannt, erlangte für die Reformationsgeschichte durch einen Aufenthalt Martin Luthers von April bis Oktober 1530 Bedeutung. Der Reformator begleitete Kurfürst Johann den Beständigen von Wittenberg zum Reichstag nach Augsburg. Da Luther mit Reichsacht und Kirchenbann belegt war, musste er in Coburg zurückbleiben, weil eine Weiterreise durch katholisches Gebiet zu gefährlich erschien. Auf der Veste Coburg verfasste Luther wichtige programmatische Schriften, u. a. den *Sendbrief vom Dolmetschen*. Noch heute sind die von Luther bewohnten Wohnräume auf der Veste Coburg ein Touristenmagnet.

[2] Die Späne von der Bettstatt in der Lutherstube auf der Veste Coburg galten im Volksglauben als Mittel gegen Zahnschmerzen.

noch unbefugteren Aus-der Haut-Fahrens zum Umgehen. Die beiden sollen in Rapport stehen dergestalt, daß, wenn den einen der Zahn, den andern der Durst drückt, und umgekehrt.

„Laß deine Haut begraben! Du brauchst sie, Lord, nicht mehr;
Es wächst nun Spinnewebe um deinen Leichnam her.
Dann ziehet an die Kleider, du die, die du vertrankst,
Und setzt auf eure Häupter die hohen Röhren schwarzer Angst!"
So sprach das Schicksal gütig, verschwindend aus dem Raum,
Deshalb der Engeländer begraben hatte kaum
Im Stillen seine Haut, so beginnt sein Schmerz im Zahn,
Und Paddy, ach, der schaut so voll Durst zu seinem Herrn hinan.

Beiden ist zu Koburg, wo auch Paddy seine Kleider wieder holen muß, auf der Veste geholfen. Dort hat der Lord Luther's Bett und Paddy das Wirtshaus, das ihn so pflichtvergessen gemacht, zur Hand. –
 Im Rittersaale spukt ein spanischer Ritter. Ein sentimentales Gerippe, stöhnt er „Helene"! aus grinsender Kiefer und trommelt seine Liebespein auf die Scheiben.[3]
 Er erschrickt sehr, als die beiden Verwunschenen eintreten; doch Paddy beruhigt ihn, auch über das unheimliche Glimmen, das er und der Lord vollführen.
 Und siehe! auch der kastilianische Grande[4] von anno 1487 ist zum Rauchen bereit!
 Zwar etwas unbeholfen stellt sich das alte Kind,
 Doch weil es was Unnützes, lernt er es auch geschwind.
 Paddy bittet jetzt den Valencianer um Erzählung seiner Geschichte mit allerdings für einen Bedienten allzublühender Sprache:
 Nach angerauchter Freundschaft – sprach Paddy – edler Held,
 Führt uns auf Eurer Fahrten wohl lorbeerreiches Feld!

---

[3] An dieser Stelle endet die erste Seite der Rezension. Unter einer Trennlinie folgt die redaktionelle Bemerkung: „*⁾ Wir vermögen die Sympathie des geehrten Herrn Referenten für diese Verse nicht nachzufühlen. Einiges darin erscheint uns unbehülflich, Anderes durchaus alltäglich."

[4] der kastilianische Grande: ein Angehöriger des spanischen Hochadels aus dem Königreich Kastilien, das von etwa 1000 bis 1700 bestand.

Der Edle hatte um Kaiser Maximilian's[5] natürliche Tochter, die minnigliche Helene, mit dem bärenhaften Ritter Rauber[6], der um nicht zu straucheln, die Spitzen seines Bartes im Gürtel aufknüpfen mußte, ein Turnier in Graz. Es galt, den Gegner in den Sack zu stecken. Er wurde überwältigt und starb an gebrochener Ehre. Er und sein Gegner müssen umgehen; er turnierbereit, zu Roß – Rauber im Gemälde. – Auch mit Rauber macht Paddy Bekanntschaft und versöhnt die beiden Feinde. –

Es beginnt jetzt ein gar fröhliches Leben.

Die Vier haben in ihrer Einigkeit ihre Kopfbedeckungen vertauscht. Paddy trägt des Rauber's Federbarett, der Lord des Spaniers Helm – da schlägt es Eins, und die Kopfbedeckungen sitzen fest. Das Schicksal erscheint und fragt, ob sie erlöst sein wollen. Sie finden das Umgehen schöner. Die Frist bestimmt sich Paddy „bis Irlands Glück ersteht", der Lord „so lange, als Albions[7] Banner siegreich weht". Der Spanier und der Deutsche schweigen.

Das Schicksal sieht die letzteren traurig an und meint:

Verständet Ihr nicht das Umgeh'n, so wär's zu viel von Euch begehrt.

Der böse Mönch, der hier auch umgeht, muß ruhelos spuken, bis kein Mensch mehr an ihn glaubt.

Ferner spukt hier eine Ratte, der Gottseibeiuns selber, der in dieser Gestalt Luther bei seinem Bibelwerk gestört und durch stetes Umdrehen der Sanduhr ihn sich zu Tode predigen lassen wollte, aber von Luther entdeckt, zum Umdrehen der Sanduhr verflucht war, bis er seine Mutter gefunden. –

Die Ratte und der Mönch verbinden sich, die Eintracht der Viere zu untergraben, was ihnen eine Zeitlang gelingt.

---

[5] Kaiser Maximilian II. (1527–1576), Kaiser des Heiligen Römischen Reiches Deutscher Nation seit 1564, bemühte sich vergeblich, eine den Augsburger Religionsfrieden wahrende Politik des Ausgleichs zwischen Luthertum und Katholizismus zu betreiben.

[6] Andreas Eberhard Rauber von Thalberg und Weineck, (1507–1575), Hofkriegsrat unter Kaiser Maximilian II., wurde wegen seiner Größe und Körperkraft „deutscher Herkules" genannt und war bekannt wegen seines langen Bartes, der bis zu den Füßen reichte.

[7] „Albion" war die antike Bezeichnung für Großbritannien.

Als in schönster Eintracht bei einanderstehen – es haben sich die Gestalten unübersehbar gemehrt – Gustav Adolf[8] und Ferdinand[9], Tilly[10] und Melanchthon[11], als der Bann gelöst wird, spricht das Schicksal das Urtheil über die tückischen Genossen. Der Mönch geht um, bis der letzte Dumme an ihn glaubt. Die Ratte soll wahrscheinlich zum Suchen der Mutter verdammt werden; aber sie meint, auch die Social-Demokraten hätten keine Mutter. –

Das Schicksal entschuldigt die Beiden mit Irrthum und ändert das Urtheil dahin ab, daß sie bis zu ihrer gegenseitigen Bekehrung gebannt sind. –

Wie schon aus den Citaten ersichtlich, ist das Gedicht in der würdevollen Nibelungenstrophe[12] geschrieben, die einen guten parodistischen Eindruck macht. –

Die Behandlung des Stoffes ist launig; doch dieser selbst ist zu tendenziös. Es blickt zu sehr die Absicht durch, die bekanntlich verstimmt. Es stört den unbefangenen Genuß, wenn man Allegorie wittert; man forscht peinlich nach der Beziehung und kommt aus der Stimmung, aus dem magischen Kreise der Poesie.

Wenn man nun gar noch vergeblich bei den Anmerkungen Rath sucht, diese Beziehung Einem unklar bleibt, so verschwindet die Freude an der Dichtung vor dem Fragezeichen.

Besonders die forcirte Verherrlichung des deutschen Reiches am Schlusse und der schonende Tadel der Social-Demokraten zeigen uns eher den National-Liberalen als den Dichter.

---

[8] Gustav II. Adolf (1594–1632), schwedischer König, etablierte Schweden als europäische Großmacht, fiel im Dreißigjährigen Krieg in der Schlacht bei Lützen.

[9] Ferdinand II. (1578–1637), seit 1619 Kaiser des Heiligen Römischen Reiches Deutscher Nation, vertrat einen Kurs des Absolutismus und der Rekatholisierung.

[10] Graf Johann von Tilly (1559–1632), seit 1610 Heerführer der Liga im Dreißigjährigen Krieg, wurde am Lech tödlich verwundet.

[11] Philipp Melanchthon (1497–1560), Humanist und Reformator, Mitstreiter Martin Luthers.

[12] Die Nibelungenstrophe, so benannt nach dem Versbau des mittelhochdeutschen Nibelungenliedes.

Aus: Deutsche Dichterhalle, Jg. 6, H. 16 (15. August 1877), S. 271–272.
Zur Zeitschrift *Deutsche Dichterhalle* siehe den Kommentar zu Text 1.

Peter Hilles nur mit seinen Initialen P.H. gezeichnete Rezension entstand während seines Leipziger Aufenthaltes nach seinem Besuch bei Ernst Eckstein am 15. Juni 1877. Nach dieser Begegnung erschien in der Deutschen Dichterhalle *vom 15. Juli 1877 bereits Hilles erste Rezension zur epischen Dichtung* Gela von Karl Zettel *(1831–1904).* Vgl. Christiane Baumann: Geisterspuk. Eine unbekannte Rezension des jungen Peter Hille, in: Germanica Wratislaviensia 147 (2022), S. 29–43.

Autor des besprochenen „fröhlichen Heldengedichts" war der Schriftsteller, Publizist und Märchensammler Fritz – eigentlich: Friedrich – Hofmann (1813–1888). Er entstammte einfachen Verhältnissen; nach dem frühen Tod seiner Eltern ermöglichte ihm ein Mäzen das Studium der Philosophie, Geschichte und Literatur an der Universität Jena. 1838 debütierte er mit dem Schauspiel Die Schlacht von Focksan *und wurde 1841 ein wichtiger Mitarbeiter des Bibliographischen Instituts von Carl Joseph Meyer (1796–1856), einem sozial engagierten Anhänger der Juli-Revolution von 1830. Nach seiner Übersiedlung nach Leipzig wurde Hofmann 1861 ein ständiger Mitarbeiter der populären Familienzeitschrift* Die Gartenlaube, *die Ernst Keil (1816–1878) herausgab, der als ehemaliger „Achtundvierziger" zum Leipziger „Verbrechertisch" gehörte, einem Treffpunkt von Anhängern der Revolution, die wegen ihrer demokratischen Gesinnung Haftstrafen und Repressalien erleiden mussten. Der nationalliberale und fortschrittlich gesinnte Hofmann nahm daran ebenfalls teil und war als „Gartenlaube-Hofmann" bekannt.*

3   Hermann Heiberg (1889)

Namen wirken überraschend auf die sinnliche Seite unseres Geistes ein. So muß jede dichterische Persönlichkeit schon mit ihrem Namen eine Gesamterscheinung, einen Umriß liefern.

Hermann Heiberg: etwas Leichtes, Mutwilliges, das aber doch wieder so ernst sein kann. Ein Mensch mit außerordentlich fein kostenden Sinnen; ein Geist voll Milde und (besonders Beobachtungs-)Originalität. Bestimmtheit und Zartheit, die einander nicht ausschließen, im Gegenteil einander erst recht bedingen. Erst, nach den *Plaudereien*[1], wollte man ihn neben Storm einstellen – aber da fehlte die Sentimentalität. Auch geht die Pointe nicht mit ihm durch und wirft ihn in die Dornen und Disteln der Bosheit wie bei Heine. Ein Wisser im litterarischen Leben, den wir ganz besonders nehmen müssen.

Also fangen wir in Gottes Namen mit ihm von vorne an, umsomehr da Heiberg eine Menschennatur von derart ausgeglichenem Takte zeigt, wie eine solche selten vor die und noch seltener zur Feder kommt. Er erinnert da im persönlichen Lebenstenor ein wenig an Goethe – schlichter indeß, selbstloser. Man ist stets sicher, bei Heiberg Überraschendes und Graziöses zu finden, einen vollendeten Gesellschafter anzutreffen, der durch und durch Künstler ist.

Aller Wahrscheinlichkeit nach, eine Statistik ist noch nicht aufzustellen gewesen, teilen sich beide lesenden Geschlechter in Vorliebe für Heiberg: er besitzt die überaus seltene Kunst, die Einen anzuziehen, ohne die Andern zu vernachlässigen; er vergibt sich litterarisch, seinem künstlerischen Sinne nichts bei seiner Wendung an die Leser; er kann ihnen ungeschmälert seine Kunst, die Kunst bringen, zu der ihn sein Naturell befähigt und treibt.

Heiberg kann sich ganz, wie er ist, geben, als Dichter und belletristischer Geschäftsmann zugleich.

---

[1] Hermann Heiberg: Plaudereien mit der Herzogin von Seeland. Hamburg 1881. – Die Buch- und Novellentitel, die in Hilles Würdigung mal mit, mal ohne Anführungszeichen erscheinen, wurden hier durchgängig kursiv dargestellt.

Woher kommt diese in der litterarischen Welt so seltene Erscheinung? Heiberg schreibt für die Gelehrten, die Auserlesenen. Und das gerade ist wohl das Erfreulichste am wachsenden Ruhme Heibergs, daß er ein Kulturfühler ist, daß er seinen Lesern einen guten Bestand echter, feiner Bildung, ein thorough bred[2] des Geistes aufweist, die bei manchem Klagwürdigen uns trösten, unser Lamento zurücktreiben müssen.

Diese Bildung ist für die heutige Entwicklung um so bedeutungsvoller, da sie auf beide Geschlechter sich verteilt, also harmonisch ausgeglichenes Leben verbürgt.

Eine rohe Person kann Hermann Heiberg keinen Geschmack abgewinnen, ihm seinen graziösen Epikuräismus[3] nicht nachfühlen. Wenn nicht der Leser[kreis], so bestimmt sich doch der Kreis der Genießer Heiberg'scher Schriften durch die Grenzen der Bildung.

Erst seit 1881 litterarisch thätig, hat Heiberg bereits eine Anzahl reichlebiger Bücher geschaffen und sich große Beliebtheit weit und breit fast von seinem ersten Schritte an die Öffentlichkeit an erworben. Man muß sich erst sagen lassen, daß die *Plaudereien mit der Herzogin von Seeland* (in zweiter Ausgabe: *Aus den Papieren der Herzogin von Seeland*)[4] ein Erstlingswerk sind: freilich trat Heiberg als reifer Mann in die litterarische Welt ein, gründlich gelehrt und viel erfahren, in resolutem, schwunghaftem Geschäftsleben zum Menschenkenner vorgebildet wie kaum ein anderer.

Dabei aber hat sein Gemüt die ursprüngliche, ich möchte fast sagen eine mädchenhafte Zartheit sich zu bewahren gewußt trotz aller, schon durch den tüchtigen und schnellen Lebensgang des Verfassers bewiesenen Männlichkeit des Geistes und des Willens. Zwar erst in vorgerückter Stunde, dann aber schnell und sieghaft ist Heibergs Dichtung dem Leben nachgerückt.

Geboren ist Hermann Heiberg in Schleswig am 17. November 1840, woselbst seine, wie aus den Büchern oft so ergreifend hervor-

---

[2] thorough bred: (engl.) wörtlich: gründlich gezüchtet; Rassepferd, Vollblut (Begriff aus dem Pferdesport).

[3] Epikuräismus: auf den Genuss der materiellen Freuden des Daseins gerichtetes Lebensprinzip (ausgehend von dem griechischen Philosophen Epikur).

[4] Hermann Heiberg: Aus den Papieren der Herzogin von Seeland. Leipzig 1887.

geht, hochverehrte Mutter, eine geborene Gräfin Baudissin, noch lebt.[5] Sein frühverstorbener Vater war Jurist.[6] Heiberg lernte in eigener Erfahrung besonders das kombinierende, eigentlich intellektuelle Geschäftsleben kennen, das die beste Vorbereitung unter gesundester Ausstoßung alles Krankhaften für die Dichtung liefert.

Aus den Papieren der Herzogin von Seeland enthält Plaudereien heiterer und bald wieder ernsterer Art, längere und kürzere Novellen wie Humoresken. Alle später ausführlicher dargethanen Vorzüge des Verfassers verkündigen sich bereits hier auf das Lebhafteste. Da ist z. B. das Auge für die drolligen Ecken des Philistertums, das sich im *Tierschutzverein*[7] und in *U. B. E. Paulsen*[8] verrät. Ausgeführter zeigt sich dieses Vermögen der Erfassung im *Apotheker Heinrich*[9] und dem Buchhändlerprinzipal im *Januskopf*[10]. Köstlich scherzhaft gibt sich die Geschichte von den traurigen Folgen des Halbwissens.[11] Eine pikareske[12] Novelle ist *Ingrato*[13]. Mit größerer Sorglosigkeit und Bildung, in ausgedehnterem Maßstabe pikariert der „austobende" Jurist durch die Welt: auch der ist mal zur Abwechslung, nicht aber aus Erwerbsrücksichten und unmöglicher Leidenschaft für ein paar Stunden Kammerdiener. Ein wahrer Ausbund von Jugendlaune, ein Puckran[zen][14] voller ariostisch[15] im Mittagsglanze modernen Lebens

---

[5]   Asta Sophia Charlotte Heiberg, geb. Gräfin von Baudissin (1817–1904).
[6]   Carl Friedrich Heiberg (1796–1872), Rechtsanwalt und liberaler Politiker, seit 1857 Buch- und Musikalienhändler in Schleswig.
[7]   „Im Tierschutzverein" ist das Kapitel 33 von *Aus den Papieren der Herzogin von Seeland* überschrieben.
[8]   Im Druck fälschlich: *E. U. Paulson.* – Erzählung Heibergs, die zuerst in seiner Novellensammlung *Acht Novellen* (1882, 2. Aufl. 1895) erschien.
[9]   Hermann Heiberg: Apotheker Heinrich. Leipzig o. J. [1883].
[10] Hermann Heiberg: Der Januskopf. Leipzig 1888.
[11] „Die bitteren Folgen des Halbwissens" ist das Kapitel 34 von *Aus den Papieren der Herzogin von Seeland.*
[12] pikareske: schelmenhafte.
[13] Die Novelle „Ingrato" bildet Kapitel 28 von *Aus den Papieren der Herzogin von Seeland.*
[14] Im Druck fälschlich: *Puckranan.*
[15] ariostisch: romantisch, heldenhaft (nach dem ital. Humanisten und Schriftsteller Ludovico Ariosto).

sich überstürzender Abenteuer, ist dieses *Ausgetobt*[16] und in seiner freien, gediegenen Lebensstilistik so recht geeignet, den eingesäuerten Schopenhauer uns wieder aus den Gebeinen fortzuschaffen. Ein moderner Abenteuerroman – Gegensatz zu den alten, daß er aus dem Subjekt, dem Temperament kommt – und geschrieben oft so toll und taumelnd wie von einem Falter, den Licht und Abendluft berauschen. *Die goldene Schlange*[17] dann ist seltsam damasziert[18] aus der alten sorglosen Abenteuerlust Heibergs und tragisch stutzendem Lebensernst.

Man kann sich vom litterarischen Wesen Heibergs nur alsdann eine Vorstellung machen, wenn man alle Vorurteile kräftig abwehrt wie jene alttestamentliche Mutter die Leichenvögel von ihren Söhnen: ein Gegenstand, den uns Modernen ins Gedächtnis zu rufen die belgischnaturalistischen Sensationsmaler in metergroßen Gemälden sich besonders angelegen sein lassen.[19]

Die Natur ist Heiberg freundlich, aber auch dämonisch, eben weil sie Natur ist und er Dichter. Er sieht die Natur stehn und kennt ihre Mienen; noch anmutlächelnd eine Aphrodite, ein Weilchen darauf das starre, undurchdringliche Antlitz der Meduse. Auf so und soviel Harmlosigkeit oder Schönheit kommt einmal die unheimliche Stunde der Wildheit, tolle Raserei oder die ganz und gar der Menschen vergessende Gleichgiltigkeit der Elemente. Auch das Verhältnis der unheimlich stillen Natur zum Menschen ist tragisch, auch das Verhältnis des Menschen zur Natur Novelle.

---

16 Hermann Heiberg: Ausgetobt! Roman. Leipzig 1883. – Der Ich-Erzähler dieses Romans ist der frisch promovierte Jurist Felix Ulrich, der vor der Eröffnung einer Anwaltskanzlei steht. Die Schauplätze der Handlung sind Berlin, Wien und Thale am Harz.

17 Hermann Heiberg: Die goldene Schlange. Roman. Leipzig 1884.

18 damasziert: mit feinen Mustern versehen.

19 In 2 Samuel 21,10 wird berichtet, wie Sauls Nebenfrau Rizpa die unbestattet gebliebenen Leichen ihrer beiden Söhne bewacht und tagsüber vor Raubvögeln schützt. König David hatte die Söhne den Gibeonitern ausgeliefert. Der belgische Historienmaler Ferdinand Pauwels (1830–1904) hatte 1856 ein Gemälde „Rizpa neben den Leichen ihrer beiden Söhne" angefertigt, das im Folgejahr in der Dresdner Kunstausstellung gezeigt wurde. Eine weitere bekannte Darstellung des Geschehens stammt von dem französischen Maler Georges Becker (1845–1909).

Es gibt da zwei Stimmungsbilder dieser Art unter Heibergs Schriften: das hilflos in der Hütte verbrennende Kind des vom Blitze erschlagenen Dünenwächters[20] und die bei der Sturmflut umkommende Pastorenschwester Liane[21]. Die Stimmung, mit der wir die Tierchen umkommen sehn, diesen höhern machtlos resentimentalen[22] Standpunkt müssen wir hierbei einnehmen; das Dämonischtragische der Natur, die sich nie erweicht, in keinem Sonderfalle durchbricht.

Heiberg sucht in allem so elementar, so feinmenschlich zu sein, als dieses einer einzelnen Person nur immer gelingen kann. Rezepte der Darstellung gibt es bei ihm nicht.

Kapitellos tollt sein *Ausgetobt* dahin, kapitellos in moderner Bewegung zieht *Die goldene Schlange* ihre Ringe, und kapitellos wandelt gemessen das tragischblickende Werk *Ein Weib*[23].

Es ist diese Fassung gleichsam ein Symbol des Rastlosen, des Unbeschränkten der Gegenwart, eine Dichtung ohne Ende.

Was Heiberg erst alles kennt! Die Empfindungen liebetoller oder sich um einen Pfefferkuchen prügelnder Knaben, die Gemüter der Hunde bleiben ihm nicht verborgen, er macht sich zum beredten, bald scherzhaft wirkenden, bald strafend mahnenden Anwalt der Kleinen und ihres Anrechtes auf Licht und Luft.

Den wehmütigen, einmaligen Jubel jugendlichen Liebesglücks, wie weiß er ihn hinzustellen, dieses nervenheiße, blendende, schüchterne Schauern, diesen Schwindel der ersten Innigkeit in unser Empfinden zu hauchen! Diese Stelle im *Apotheker Heinrich* von den beiden jungen Wesen mit allen Höhen-, Ahnungs- und Wehmutsschauern,

---

[20] Begebenheit in Heibergs Erzählung „Hinter der Düne", die zuerst in der Sammlung *Acht Novellen* erschien. Ein Strandwächter, dessen Ehefrau „vor einigen Wochen" gestorben ist, wird zu Beginn der Handlung vom Blitz erschlagen. Danach kommt seine kleine Tochter Karin, die im einsam gelegenen Haus vergeblich auf ihren Vater wartet, im Feuer um.

[21] Begebenheit in Heibergs Erzählung „Sturmfluth", die zuerst in der Novellensammlung *Ein Buch* (1886) erschien.

[22] resentimentalen: wohl eine Wortschöpfung von Peter Hille in der Bedeutung: unsentimentalen.

[23] Hermann Heiberg: Ein Weib. Roman. Leipzig o. J. [1887]. – Der Roman wurde in seiner zweiten Auflage (um 1910) in 18 Kapitel unterteilt.

deren erster Kuß in dem hier näher leuchtenden Sonnenschein ist wunderbar schön.[24]

In den neueren Werken des Verfassers, besonders *Januskopf, Menschen untereinander*[25] und *Kays Töchter*[26], wahrt der Dichter einen mehr speziellen Standpunkt: hier beschäftigt ihn die eigentümliche Durchdringung von Aristokratie und Geschäftsleben, deren Kenntnis ihm der eigene Lebensgang wohl nahe gelegt haben mochte. Einen Konflikt ähnlicher Art, den unter sittlichen und Familienkreisen stattfindenden Ausgleich zwischen deutschem Familienstolz und den semitischen Bildungs- und Geldkreisen behandelt *Esthers Ehe*.[27] Dieses Buch ist von Heibergs bis jetzt erschienenen Schriften am meisten Roman, bringt einen wichtigen Konflikt, einen Übergang im Kulturleben der heutigen Zeit zur Anschauung. Erquicklich berührt die darin zu Tage gegebene edel ausgleichende Gesinnung unter dem noch immer nicht ganz verklungenen Hepphepp des Antisemitismus. Der Vortrag verläßt hier ein wenig die früher von Heiberg unzertrennliche Gegenständlichkeit und verfällt in eine Schablone, von der Heiberg sonst nichts weiß. Die launige, frohgemute, drollig überraschende Auffassung, welche Esthers Schwägerin, die Freiin von der Teck, in alle Verhältnisse mitbringt, findet sich später in anderen Romangebilden, besonders bei dem Major von Bomstorff und Carmelita Kay wieder; sie scheint fast ein Temperamentsbedürfnis des Verfassers, ein Mittel zu sein, mit dem er sich selbst das Leben geschmeidig machte, sein Päan[28] ein- und aussprudelnder, jubelnder Lebenslust.

Im Gegensatz zu *Esthers Ehe* ist *Eine vornehme Frau*[29] eher als Novelle zu bezeichnen: ein Buch von zartnerviger Vornehmheit, einer silberzarten Stimmung, die sich an einer Stelle des Buches selbst

---

24 Hille bezieht sich hier auf das „jugendliche Liebesglück" der 16-jährigen Dora Paulsen und ihres Vetters Bernhard Paulsen, eines jungen Medizinstudenten, das in Kapitel 6 des Romans geschildert wird.
25 Hermann Heiberg: Menschen untereinander. Leipzig 1888.
26 Hermann Heiberg: Kays Töchter. Roman. Leipzig 1889.
27 Hermann Heiberg: Esthers Ehe. Roman. Leipzig 1886.
28 Päan: feierliches altgriechisches Dank- oder Preislied.
29 Hermann Heiberg: Eine vornehme Frau. Leipzig 1886.

ausspricht: „Aus den Gebüschen, aus dem Erdreiche quoll ein sanfter Duft, denn der Tau reizte die zarten Nerven der Bäume und Gräser." Doch dieselbe Hand, welche den Sylphidenschritt[30] dieses Buches leitete, vermochte den Chor anzuführen bei dem gemessenen Cothurngang[31] des tragischen Romanwerkes *Ein Weib*, verbrecherische selbstische Naturen wie Ulrike Behrens[32] und die goldene Schlange ins Leben zu rufen.

Ein Weib – man scheint dieses Buch kaum recht verstanden zu haben – zeigt, daß die sittlichen Gesetze nicht dieselben sind, wie zur Zeit der Tragiker. Ruhig, in gemessener bestimmter Fortgestaltung schreitet dieses Werk an uns vorüber.

Antike Moderne besitzen wir genug, darum seien moderne Antike, wie Heiberg in diesem Werke, hoch willkommen. Das Sittliche, das Gewissen, und das modern medusenhafte Monstrum. *Ulrike Behrens* ist ganz frei davon, hat seine Strafen von außen nach innen verlegt, seine metaphysischen Befürchtungen in friedlosen Abscheu, in Kränkungsempfindung seelischer Ästhetik verlegt; denn die ehemaligen götterängstlichen Verbrechen- und Sündengefühle haben durch die dazwischen gedrängten geistigseelischen Prozesse so vieler Kulturwandlungen eine Änderung erfahren. Vor Allem in diesem Romane *Ein Weib* gewinnt das Tragische seinen modernen Ausdruck und steht der Klytemnästra mit den dunklen, wilden Flecken auf der Stirn, steht den Erinn[y]en[33] andersartig gegenüber. Der körperhaften Gestaltung, den Allegorien der Gewissensbisse, den wilden Anklagen des Schicksals hat sich hier stirnlings das sittliche Entsetzen gegenübergestellt – ein Gewissen, das sich mit dem aus den Augen gewichenen Händeln abzufinden hat.

---

[30] Sylphidenschritt: Schritt eines zarten und anmutigen Mädchens (nach der geflügelten Waldfee in dem romantischen Ballett „La Sylphide" von Jean Schneitzhoeffer, 1832).

[31] Cothurngang: Der Kothurn war der Stiefel der Schauspieler der antiken Tragödie. Hier ist – im übertragenen Sinn – das tragische Pathos der Schreibweise gemeint.

[32] Ulrike Behrens: Hauptfigur der gleichnamigen Erzählung Heibergs, die zuerst in seiner Novellensammlung *Ernsthafte Geschichten* (1883), später auch als selbstständiges Werk erschien.

[33] Im Druck fälschlich: *Erinnerungen*. Vom Kontext her kommt hier nur das Wort „Erinnyen" in Frage.

Und nun die Beziehung zwischen dieser sittenstrengen tragischen Gruppe und der sonnigen Seite Heibergs? – Es führt von dem Einen der Weg gerade in das Andere hinein; denn dieses sonnige Naturell, worin Heiberg so einzig ist, beruht auf Stärke.

Gewiß, das Vergnügen ist unverwehrt. So lange man noch Falter ist, der an jedes Licht, jede Blume frei heranfliegen darf und vor allem gleichmäßig gehalten in der Schwebe bleibt, so lange schlafen die Pflichten. Aber hat man sich entschieden, so ziehen sich mit der größeren Innigkeit auch die Pflichten enger.

Aber [nicht][34] lediglich die Leichtigkeit, auch die Schwere der Verhältnisse soll die noble Natur nobel zu tragen wissen. Sorge, die nur den sorglosen Überfluß gekannt, muß ihren Adel bewahren, indem sie auch den kärglichen Haushalt stilvoll in Ordnung hält.

Heiberg ist deutsch und vornehm. Er bringt die Stimmungen in Natur und Menschenleben außerordentlich nahe, und die lebenssichere Vornehmheit seiner durchgängigen Romanwelt bietet frischen Ersatz für Idealistik, verkörpert ihn und erscheint natürlich. Seine Darstellung wählt Mittel, die unser Mitgefühl oder das Mitschaffen unserer Phantasie sehr in Anspruch nehmen. Orte der Handlung werden bei ihm durch die Begebenheiten interessant und die Begebenheiten interessieren des so genau dargestellten Ortes wegen. Schönheit des Daseins, Luft und Licht, Stimmungsfreude, das [Emile][35] Zola'sche plein air[36] geben seinen Schöpfungen gehobenen Rang wie es etwa die Mythologie mit den Menschennaturen der Hellenengötter macht. Dann sieht er von Dingen Seiten, die der litterarische oder lesende Troß niemals wahrnimmt. So hat Heiberg einem von Schopenhauer versäuerten Geschlechte wieder die Freude am Leben gezeigt und sagt uns, die wir, erstaunt über ungewohnten Glanz und Frische, fragend herzutreten: „Das ist doch die Welt von heute, die schöpferische Weltanschauung des weiter entwickelten Ich, das subjektive Moment

---

[34] Im Druck fälschlich: *erst*.
[35] Im Druck fälschlich: *Claude Zola's che*. Hille hat hier den Vornamen Zolas möglicherweise selbst fehlerhaft mit „Claude" wiedergegeben, weil ihm Zolas erster und autobiographisch geprägter Roman *La confession de Claude* (1865, deutsch: *Das Geständnis eines Jünglings*) in den Sinn kam.
[36] plein air: (franz.) Freilichtmalerei (heutige Schreibweise: Pleinair).

der Genußfreudigkeit. Habt ihr denn das noch nicht gekannt?" Wie an Stelle des Errungenen die verfeinerte Selbstqual des Gewissens, so ist für die unbefangene hellenische Lebensharmonie der moderne Ersatzsinn dafür, der Champagnergeist der Lebenslust, eine vornehme Ausgelassenheit, aufgetreten in den Heiberg'schen Dichtungen, die mithin einen Kulturmoment bedeuten.

Die Technik Heibergs hat nichts Pedantisches; die Unbewußtheit, der taktvolle Wechsel des Genialen gestalten jedes seiner Werke besonders. Nirgends grinst uns eine Natur entgegen. Ein so gerüstloses Buch wie *Ausgetobt* kann nur eine erlesene Natur schreiben, der das Gemeine fremd ist, trotzdem vor seiner gesund unbefangenen Natur kein Schatten von Prüderie bestehen kann. Entgegengesetzt *Ein Weib*: hier ordnet sich jedes Glied der Entwicklung an seinem Orte ruhig ein, wie ein Zug, der sich aus den Häusern verstärkt, an denen er sich vorbeibewegt.

Es sind nicht blos B ü c h e r bei Heiberg, sondern meistens auch neues, besonderes Wesen. Alles zieht durch das Sensorium seiner genußfreudigen Natur und genußreichen Moral, die in ihrer Wesensvornehmheit nur e i n e n Krieg kennt – gegen das magnum philisterium.[37]

Über seine litterarische Parteistellung wird sich Heiberg niemals den Kopf zerbrochen haben, wie derlei Äußerliches bei allem Echten überhaupt zurücktritt.

Parteiprogramme und Parteistile sind gar bald vergessen, soviel Staub sie zuerst auch aufwirbeln. – Aber man kann die Grundzüge einer Grammatik der Mienen von ihm entlehnen, er ist so großer Künstler, daß persönliche Erfahrung und schöpferische Phantasie ihm ineinander übergehen: aber alles dient harmonisch einem größeren Zwecke, überhaupt hat Heibergs Muse trotz ihrer sinnenfrohen Miene ein sehr sittliches Köpfchen. All diese Fröhlichkeit, dieses tiefe

---

[37] magnum philisterium: (lat.) Als Philisterium wurden und werden eigentlich die ehemaligen Verbindungsstudenten bezeichnet, die im Berufsleben stehen (Altherrenschaft). Hier ist aber wohl im übertragenen Sinn die Weltanschauung des Spießbürgers gemeint.

Mitgefühl mit jeglicher Kreatur ist nur möglich von einem sittlich sichern Urgrunde aus.

Nach einer sofort erfolgreichen, aber doch etwas zurückhaltenden und vorsichtigen Einleitung seines Schaffens, in der aus Skizzen Novellen, aus Novellen Romane wurden, schreitet Heibergs Dichtung nun ergiebiger, in schnellerer Folge fort. Er scheint bei der künstlerisch besonnenen männlichen Dichtweise, die ihm eigen ist, allmählich die Wissenschaft seines literarischen Wesens erworben zu haben, und was fortan von ihm erscheint, wird den Charakter dichterischer Wissenschaftlichkeit tragen – das heißt, es wird den Erweiterungen des Anschauungs- und Urteilskreises seines Verfassers in vertiefender und immer mehr die Einzelheiten zu höherem Sinne zusammenziehender Weise Rechnung tragen.

Die tiefe Frische, die an Heibergs Schriften zunächst erquickend einladet, kommt von dem gleichnamigen Lyriker, der seine Empfindung und Empfindungsgestaltung dem Bruder Novellisten und Romandichter zu freier Benutzung abtritt.

Ich muß immer lachen, wenn ich das Wort „Beobachter" so ängstlich auf Heiberg angewandt finde: es ist dann, als wolle man ihn ein für alle mal abfertigen, damit er alsdann sich ja nicht beikommen lasse, etwas Höheres zu verlangen.[38]

Für Schriftsteller, die durch eigene Schöpfungen ihr Gehirn zu einer Einöde machen, ist es sehr empfehlenswert, einige Bände Heiberg auf ihrem Schreibtisch zu behalten.

Man fühlt sich nicht angeregt, man sieht verdrießlich in einen verdrießlichen Tag, der schon früh Abend macht, wie ein Kaufmann, dessen Geschäfte schlecht gingen und der nun schließt – alles ist so leer, unwirsch und unfertig, da holt man sich die Lampe und zieht *Ausgetobt*, die *Plaudereien, Apotheker Heinrich* oder *Kays Töchter* hervor, und man wird sehen, bald ist man totus in illis[39], und bald

---

[38] Hille bezieht sich hier offenbar auf Karl Bleibtreu, der in seiner *Revolution der Literatur* (1886) über Heiberg schreibt: „In erster Linie Beobachter, scheint Entwicklung von verschlungenen Herzensproblemen seine Specialdomäne. Hingegen mangelt es ihm an Phantasie, wodurch eine gewisse Langeweile seiner Fabeln erzeugt wird." (S. 30)

[39] totus in illis: (lat.) ganz in jenen (nach einer Satire des Horaz).

auch schreibt man weiter. Besonders stärken müssen die kühnguten Ansichten des prächtigen, alten Jünglings von Eysen[40], des Majors von Bomstorff und der Komteß Carmelita, die letzteren in *Menschen untereinander* und *Kays Töchtern*, einer die seltenen Personen weiterführenden Romanfolge, die sich wieder besonders durch Charakteristik und den Duft der Vornehmheit auszeichnet, wenngleich in den beiden Stiefgeschwistern Julia und Carmelita etwas Pechmarie und Goldmarie gespielt wird: es scheint, der Dichter hat sich in sein so bezaubernd weibliches Wesen, daß es nicht zum Einzelglück kommen kann, die Komteß Carmelita mit verschossen.

Heiberg begnügt sich nicht wie andere mit der moralischen oder – noch niedriger – der rohstofflichen Schicksalsgestaltung seiner Menschen, sondern sucht physiologische Vollendung. Die so am besten gelungenen Gestalten sind nicht immer die Hauptpersonen, denn diesen gegenüber verhält man sich während des schöpferischen Prozesses zu zweckvoll, als daß einem hier das Überraschendgeniale so leicht kommen könnte. So gerieten vorzüglich Carmelita und Bomstorff wie auch der Apotheker Heinrich. In seiner Novelle *M[argo]ts Träume*[41] (Westermanns Monatshefte, Januar- und Februarheft 1889) vermag sich Luisella[42] unbefangen in ihrem verfeinerten Wesen zu prüfen nach ihrem ganzen Dasein.

Ein vornehmer Mensch kommt im Sinnlichen selbst zum Göttlichen, zum naturgemäßen Handlungseinklang. Dieser sonnige Ton, diese Feinheit, das ästhetische Element in Heiberg, von dem bereits

---

[40] Im Druck fälschlich: *Eyssen*. – Figur in Heibergs Roman *Ausgetobt* (1883).
[41] Im Druck fälschlich: *Mozarts Träume*. – Hermann Heiberg: Margots Träume. Novelle, in: Westermanns illustrierte deutsche Monatshefte, Jg. 65, Nr. 2 (Februar 1889), S. 585–605, und Nr. 3 (März 1889), S. 721–754.
[42] Im Druck fälschlich: *Luiella*. – Die 21-jährige Luisella Cornelius aus Hamburg ist eine Hauptfigur dieser trivialen Erzählung. Der Protagonist Alexander von Schulenburg hat sich in Luisella verliebt, diese verweigert sich ihm jedoch zunächst, weil sie unter längeren Schüben von „Schwermut" leidet, seit ihr ehemaliger Verlobter am Tag vor der geplanten Hochzeit starb. Als sie sich endlich doch für die Partnerschaft mit Alexander entschieden hat, stirbt sie an den Folgen eines Unfalls mit dem Pferdeschlitten. Alexander entdeckt ein Jahr später, dass er für seine junge Cousine Thora bestimmt ist, die ihn schon immer geliebt hat. „Margots Träume" heißt diese Novelle, weil Margot von Schulenburg, die Schwester Alexanders, darin die Fähigkeit besitzt, in ihren Träumen hellzusehen.

mehrere Male die Rede war, ist zugleich ethisch, ist wie das Lebenselement, so zugleich die Strafe seiner Person. Größere Genußfähigkeit bedingt eben größeres Grauen.

Von so außerordentlich zartem Schuldgefühle, bereits ehe der neutrale Boden zwischen Gut und Böse überschritten ist, gibt Gretchen in *Ein Weib* ein Exempel.[43] Die größte Strafe ist der Gemütstod, gar kein Gewissen, wie bei der modernen Meduse Ulrike Behrens.

Die feinsten Schwingungen aus den Gewittern der Zeit zittern in die Heiberg'schen Bücher hinüber und erhalten dort ein gestärktes Leben, wie eine verlöschende Flamme vom Sauerstoff wieder erquickt wird. Kein Gewissen! ist der Schrei in Ulrike Behrens, die Ausgeburt ist – im ungünstigen Sinne unseres von allen gröberen Zwang- und Ratmitteln im Wesen entblößten crinolinelosen Zeitalters[44], während die sittlichen Kräfte noch nicht reif sind. Wir stehen zwischen den Zeiten. Den Philister, der vor den Gesetzen schuldlos quälen kann, finden wir im Apotheker Heinrich.

Bei Heiberg erscheint am liebsten alles in einem sanften, wenn nicht ver-, so doch erklärenden Lichte, dessen Strahlen nicht mehr zu verkennen sind, sobald man ein Buch von Heiberg gelesen. Man sucht diesen mildeinsichtigen Menschen zuvor in jedem seiner neuerstehenden Werke.

Aus: Litterarische Korrespondenz und kritische Rundschau, Jg. 1, H. 7 (Juli 1889), S. 9–17. – Neu abgedruckt in Christoph Knüppel: Peter Hille und die *Litterarische Korrespondenz*, in: Literatur in Westfalen. Beiträge zur Forschung 12 (2012), S. 48–57.

Herausgeber und Redakteur der Litterarischen Korrespondenz, *die von Januar 1889 bis März 1891 in Leipzig erschien, war der Schriftsteller und Verleger Hermann Reinhold Thom (1861–1927). Thom war 1886 nach*

---

[43] Grete Menge ist eine Hauptfigur des Romans *Ein Weib* (1887), die am Ende stirbt.

[44] crinolinelosen Zeitalters: Die Krinoline war eine Form des Reifrocks mit Federstahlbändern. Der Reifrock verschwand um 1888 endgültig aus der Mode. Gemeint ist hier wohl ein Zeitalter, das keine „künstlichen" Begründungen der Moral akzeptiert.

Leipzig gezogen. Hille plante während seines Aufenthalts in Rom eine wei-
tere Zusammenarbeit mit ihm. Thom musste seine Zeitschrift jedoch aus
finanziellen Gründen einstellen und wurde zudem, beginnend im August
1891, als Plagiator entlarvt.

Mit seinem Artikel dankte Hille dem vielgelesenen Schriftsteller Hermann
Heiberg (1840–1910), der von 1872 bis 1892 in Berlin lebte, für dessen
finanzielle Unterstützung. Um diese hatte Detlev von Liliencron bei Hei-
berg erfolgreich gebeten. Man merkt Hilles Artikel deutlich an, dass es sich
dabei um eine Gefälligkeitsarbeit handelt, denn auch ihm kann bei seiner
Lektüre nicht entgangen sein, dass Heiberg nach seinem Kleinstadtroman
Apotheker Heinrich *(1885) fast nur noch seichte Unterhaltungsliteratur*
produziert hat. So fragt der Literaturhistoriker Albert Soergel schon kurz
nach Heibergs Ableben rhetorisch: „Aber wer kennt etwa den nur ein Jahr
später erschienenen, in Berlin spielenden Roman ,Esthers Ehe', wer gar die
vielen folgenden Werke, in denen aus dem begabten Dichter [...] ein schnell
fertiger, ziemlich skrupelloser Unterhaltungsschriftsteller ward."[45]

Über die rasch in Vergessenheit geratene Litterarische Korrespondenz *schrieb*
Hilles Freund Erich Mühsam 1913 in einem Aufsatz über „Jüngstdeutsche
Lyrik": „Neben mir liegt ein dickes Buch von höchst merkwürdigem Inhalt.
Es ist der erste Jahrgang einer literarischen Zeitschrift, die den Titel führt:
,Literarische Korrespondenz und Kritische Rundschau. Monatsschrift zur
Hebung des Schrifttums. Herausgegeben von Hermann Thom'. Mein Exem-
plar, das ich einmal für 60 Pfennige auf der Auer Dult erstand, reicht vom 1.
Januar bis zum 1. Dezember 1889. Der ganze – über 700 Seiten starke – Band
ist angefüllt mit Urteilen über zeitgenössische Schriftsteller und Dichter, mit
Meinungsäußerungen von Schriftstellern über Schriftsteller, mit Gedichten
über das Dichten und mit Novellen über das Novellenschreiben. Da finden
wir als Kritiker und als Kritisierte Namen, die längst ihren sicheren Platz
in der Wertschätzung der Zeit gefunden haben, wie die Harts, Peter Hille,
Maximilian Harden, Hermann Bahr, Karl Henckell, Hermann Conradi
etc., viele viele Namen, die längst ad acta gelegt sind, noch umstrahlt von
der Gloriole jungen Ruhms, wie Hermann Heiberg und andere, und noch
manche von denen niemand mehr überhaupt etwas weiß."[46]

---

[45] Albert Soergel: Dichtung und Dichter der Zeit. Eine Schilderung der deutschen
      Literatur der letzten Jahrzehnte. Leipzig 1911, S. 50.
[46] Erich Mühsam: Jüngstdeutsche Lyrik, in: Zeit im Bild, Jg. 11, Nr. 15 (9. April
      1913), S. 768.

4 Schönheitsausstellung in Rom (1890)

Ein Fremder, am selben Tage angekommen und auf dem Heimwege von seiner ersten Exkursion nach dem Albergo[1] oder Hotel würde am Knie der römischen „Unter den Linden", der Via Nazionale, vor einem hellerleuchteten Gebäude, schon durch seinen Stil als Musentempel kenntlich, Posto gefaßt haben[2]. Ein Lärm, ein Zischen, ein Volksorkan, wie er in einem Streite, einer Revolte oder einem ähnlichen Auftritt wilder Erregung passen mag, hier aber der gebildeten, einige Mal vornehm, oft geckenhaft gekleideten, in Droschken vorfahrenden und unter dem johlenden Pöbel, darin sich auch Glaceehandschuhe vorfanden, aussteigenden Gesellschaft gegenüber, die entweder ironisch lächelte, grüßte oder entrüstet sich äußerte, theilweise auch gluthübergossen nach schleunigster Entfernung in den bergenden Eingang des Theaters trachtete, unerklärlich schien.

Waren es auffallende Häßlichkeiten oder ältliche Damen, dann wurde ihnen ironisch zugerufen: „Zweiter Preis!". Waren sie hübsch, wurde laut geschnalzt. Beim Erscheinen alter Herren schallten Lachsalven auf, bei geckenhaften hieß es „Bomba!"[3], wahrscheinlich eine Äußerung über das Befremdende ihres Aussehens. Hätt' er noch etwas gewartet, würde er jäh auftauchende neue polizei[li]che Elemente gewahrt haben, wie sie den Vorschreier, der seine Äußerungsweise schon zum Kunstwerk ausgestaltet hatte mittlerweilen, abführte.

Das half, Stille kehrte ein. Droben schallte eine scheußliche Musik aus dem nun noch verstärkt erleuchteten Fenstern. Haben wir Geld übrig, so folgen auch wir, erlegen die nicht unbeträchtliche Summe von 10 Lire, gleich 8 Mark, und steigen die braunen Läufer der Marmortreppe hinan.

---

[1] Albergo: (ital.) Gasthof, Hotel.
[2] Posto gefaßt haben: sich aufgestellt haben, Halt gemacht haben. Der Ausdruck „Posto fassen", der ursprünglich militärische Bedeutung hatte, war damals Bestandteil des deutschen Wortschatzes.
[3] Bomba: (ital.) eigentlich: Bombe. Als (ironischer) Ausruf hier im Sinne von „der Knaller".

Wir gelangen in einen amphitheatralisch umrundeten Raum, der mit seinen vermuthlich dramatischen Köpfen an der Decke und dem aufsteigenden Plankenboden sich bald als ein Theater erklärt, dessen Zuschauerraum auf die Bühne übergeleitet wurde.

So ist es oben eben und bietet besseren Tanzraum.

Noch ist's leer von Erwarteten.

Die theueren Ränge: 50, 30, 20 Lire sind nur wenig durch ein frischfrisirtes Menschenkind in ihrer feiernden Ruhe beeinträchtigt. Dafür ist's unten, im gemischten Raum, voller. Man besieht sich neugierig die vier, in absteigender Linie kostbaren Preisbanner. Das letzte aber hätte schon ganz gut an einem Stammtisch[-]Platz als „Besetzt"-Fähnchen spielen können.

Aus künstlichen Rosen leuchteten farbige Lampions. Bewegung. Da sind sie.

Ziemlich mäßig in der That[:] Blonde, zierliche, frisch duftende Gefallsucht – das Meiste aus Wien! Darunter eine weiblich werthvollere Gestalt, die etwas Sittliches hatte und darum durch ihr Hiersein schmerzlich bewegte. Auch war sie züchtig gekleidet, bis an Hals und Knöchel reichte das vornehme einfache Gewand, nicht wie die andern gefiel sie sich in der bekannten geschmacklosen Ballnudität.[4]

Ihre Kavaliere, Komiteemitglieder,[5] führten sie durch den improvisirten Saal zur Bühne und tanzten mit ihnen. Ein sehr zweifelhaftes Vergnügen für die armen Konkurrentinnen – und doch im Stande, so strahlende Blicke hervorzulocken. Weib, du bleibst ein Räthsel! Wo kein[6] Mann sich abgestoßen fühlt, pflückst Du Genüsse! Diese unverschämt überall nachdrängende, gaffende und kaum die paar Tanzschritte freigebende Menge scheint dir keinen Abscheu zu erwecken. Und dazu die elende Musik von der Galerie.

Endlich – gegen zwei Uhr! – neue Bewegung. Es geht zur Preisverleihung, von der ungeduldigen Zuschauerschaft schon lange in

---

[4] Mit der „Ballnudität" meint Hille natürlich keine wirkliche Nacktheit, sondern Dekolletés und knöchelfreie Gewänder.

[5] Gemeint sind Mitglieder der – ausschließlich mit Männern besetzten – Jury.

[6] Muss vermutlich heißen: *ein*. – Hille hatte wohl das Prädikat des Nebensatzes verändert und dabei vergessen, das Indefinitpronomen „kein" durch den Artikel „ein" zu ersetzen.

ziemlich unanständiger Weise gefordert. Versuche, durch Musik auf diesen Tumult der Erwartung günstig einzuwirken, wurden einfach überpfiffen. Aha, nun, Erster Preis – 2000 Lire in Gold – Wer? – nicht zur Auszahlung, weil keine der konkurrirenden Damen den Ansprüchen an eine harmonische Schönheit genügte. Den zweiten – Schmuck und Banner – eine Signora Therese – geradebrechter deutscher Name! – aus Wien, den dritten die Dame aus Turin, den vierten wiederum ein Fräulein aus Wien und den fünften eine niedliche Brünette aus Pavia.

Die erste Wienerin rief, als ihr Name genannt ward, freudig erstaunt: „Ich?" – riesiges Gelächter und Nachsprechen.

Wenn eine der vier Damen den Schmuck aus der Hand des Komiteevorstandes entgegengenommen hatte, geleitete ihr Kavalier sie zurück und befestigte ihr Banner neben ihrem Sitze im ersten Range.

Erst gegen halb Vier fiel das müde, gleichsam gähnende Gebäude innerlich ins Dunkel zurück, während außen schon der Morgen Anstalt machte, heraufzugrauen.

Aus: Berliner Volksblatt. Organ für die Interessen der Arbeiter, Nr. 120, 28. Mai 1890, Beilage. – Neu abgedruckt in Christoph Knüppel: Weitere Mosaiksteine aus Leben und Werk Peter Hilles, in: Literatur in Westfalen. Beiträge zur Forschung 15 (2017), S. 18–20.

Auf einer Postkarte, die Peter Hille am 23. Juni 1890 aus Rom an seinen Dichterfreund Karl Henckell richtete, der sich damals bei Leopold Jacoby (1840–1895) in Mailand aufhielt, findet sich die Nachricht: „Artikel über Schönheitsausstellung hat Berl[iner] Parteizeitung genommen und mit 10 M[ark] honorirt."[7] Briefkontext und Adressat legen nahe, dass es sich bei der „Parteizeitung" um ein Blatt der Sozialdemokratie handelt. So konnte dieser Text von Hille im Berliner Volksblatt, dem Vorgänger des im Januar 1891 begründeten Vorwärts, gefunden werden. Gezeichnet ist der Artikel

---

[7] In: Peter Hille, Sämtliche Briefe, hg. von Walter Gödden und Nils Rottschäfer, Bielefeld 2010, S. 159, wurde fälschlich die Lesart „Berl. Verkzeitung" gewählt und eine „Verkehrszeitung" als Erscheinungsort vermutet. Langner liest gar „Berl. Verlegerzeitung [?]". Vgl. Martin M. Langner (Hg.), Peter Hille (1854–1904). Berlin 2004 (Memoria 3), S. 161.

mit dem bislang unbekannten Pseudonym „Peter Hilbig"; daran, dass er von Hille stammt, kann es freilich auch auf Grund seiner sprachlichen Gestaltung keinen Zweifel geben. *Das Pseudonym hat Hille vermutlich mit Rücksicht auf seinen Vater und seine Brüder gewählt. Immerhin war zu dieser Zeit das Sozialistengesetz noch in Geltung.*[8] *Verantwortlicher Redakteur des* Berliner Volksblatts *war damals der sozialdemokratische Journalist Curt Baake (1864–1940), der einige Monate später auch zu den Mitbegründern der Freien Volksbühne gehören wird. Baake war um 1890 eine Art Verbindungsmann zwischen der Sozialdemokratischen Partei und ihren Sympathisanten unter den Schriftstellern; bezeugt ist seine Freundschaft mit Paul Ernst, Otto Erich Hartleben und Bruno Wille.*

In dem ohnehin marginalen Feuilleton des Berliner Volksblatts *wirkt Hilles Beitrag recht ungewöhnlich. Zur gleichen Zeit erschien dort eine deutsche Übersetzung von Émile Zolas Roman „Au Bonheur des Dames" (1883) aus dem Zyklus „Rougon-Macquart",*[9] *und in vielen Nummern der Zeitung erschöpft sich das Feuilleton in Fortsetzungen dieses Romans. Der Rest bestand aus politischen Leitartikeln und Nachrichten, Berichten über sozialdemokratische und gewerkschaftliche Versammlungen sowie einzelnen Lokalmeldungen. Korrespondenten berichten hin und wieder aus London und Paris. Eine Theater- oder Buchkritik ist nicht vorhanden. Nur ganz vereinzelt erscheinen kurze Prosatexte von Schriftstellern und Journalisten, in der fraglichen Zeit etwa von Emil Peschkau (1856–1929), Auguste Groner (1850–1929) und Marco Brociner (1856–1942). Weitere Texte von Peter Hilbig alias Hille, die dieser auf seiner Postkarte ankündigt, sind nicht im* Berliner Volksblatt *erschienen.*

Der damalige Ausdruck „Schönheitsausstellung" oder auch „Schönheits-konkurrenz" wurde später durch die Bezeichnung „Schönheitswettbewerb" abgelöst. Der erste dieser Schönheitswettbewerbe hatte am 19. September 1888 im belgischen Heilbad Spa stattgefunden; 1889 folgten weitere in Nizza und Triest. Am 3. und 4. Mai 1890 war dann die italienische Hauptstadt an der Reihe. Im Berliner Tageblatt *berichtete dessen Korrespondent Hans Barth (1862–1928) über diesen neuartigen „concorso di bellezza" in Rom, der im Saal des 1886 eröffneten Teatro Drammatico Nazionale in der Via Nazionale – der späteren Via Quattro Novembre – über die Bühne ging*

---

[8] Der Reichstag hatte zwar im Januar 1890 eine Verlängerung des Sozialistengesetzes abgelehnt, dieses galt jedoch noch bis zum 30. September 1890.

[9] Der Übersetzer, vermutlich Curt Baake, wählte als deutschen Titel „Zum Glück der Damen"; 1892 setzte sich der Titel „(Zum) Paradies der Damen" durch.

und unter der Leitung eines römischen Kunstmalers stand.[10] In die engere Auswahl waren siebzehn unverheiratete „Damen" gelangt, die überwiegend aus Italien, Deutschland und Österreich kamen. Die Gewinnerin erhielt ein Collier aus Brillanten und Perlen. Zu der Veranstaltung waren jedoch angeblich nicht viel mehr als 50 Besucher erschienen. Barth spricht von einem „Strudel der Langeweile" und beurteilt das Unternehmen als „Fiasko". Sehr viel anschaulicher als Barth, wenngleich mit etwas puritanischer Tendenz beschreibt Hille den römischen Schönheitswettbewerb.

---

[10] Vgl. Eine neue Schönheits-Konkurrenz, in: Berliner Tageblatt Nr. 172, 4. 4. 1890 (Morgen-Ausgabe); An der Schönheits-Konkurrenz in Rom, in: Berliner Tageblatt Nr. 219, 2. 5. 1890 (Abend-Ausgabe); Die Maifeste in Rom, in: Berliner Tageblatt Nr. 235, 11. 5. 1890 (Morgen-Ausgabe).

5 [Auf dem Rigi in der Schweiz] (1893)

„Scheidegg!"[1]

Froh gleichsam der willkommenen Pause hielt das vom Bergsteigen ermüdete Dampfroß, das seine anfängliche Schnelligkeit schon allmählich herabgemindert hatte, auf der Station und verpustete sich. Lag doch der größte, und wie es schien, der steilste Teil des Weges nach dem berühmten Aussichtsspender, der noch nicht einmal unter die Riesen der Bergwelt gerechnet werden kann und die mittlere Alpenstatur kaum erreicht, hinter ihm. Und nahe, zum Greifen nahe vor uns das „Känzeli" und die verschiedenen anderen Kuppen des Rigi, dem unser Besuch gelten sollte.

Einige Touristen stiegen ein, unter ihnen vorherrschend die blasierten, hohlen oder massiv energischen Gesichter der Söhne Albions[2], jene Züge, die in ihrer gesunden Grobheit gleichsam eine Verkörperung der massenhaften blutigen Beefsteaks darstellen, die das reisetolle Inselvolk mit seinen großen, gesunden Zähnen, seinen alles zermalmenden Raubtierzähnen zu zerreißen pflegt. So, jetzt ist auch das letzte riemenumwundene Plaid, der letzte rote Bädeker[3] von der Bildfläche verschwunden und aufs neue fängt unser Dampfrößli an zu prusten.

Stoßweise, entschlußmäßig gleichsam wird es dunkler, trotzdem der Sonnenuntergang noch nicht so nahe bevorstehen kann; auch verhindern die nun so nahen Höhen einen prüfenden Ausblick ins Wetter. Doch scheint der Dunst über uns sich noch verdichtet zu haben.

---

[1] Im Druck fälschlich: *Schneidegg*.

[2] „Albion" ist die antike Bezeichnung für Großbritannien. Der Begriff wurde bis ins 20. Jahrhundert vor allem dichterisch für England benutzt.

[3] Rot eingebundene deutschsprachige Reiseführer aus dem Verlag von Karl Baedeker. Baedekers erster Reiseführer für die Schweiz erschien 1844. Hille teilt Karl Henkkell im November 1889 mit, dass ihm ein Reiseführer aus dem Verlag von Karl Baedeker, den ihm Leopold Jacoby in Mailand geliehen habe, in Rom gestohlen worden sei. Vgl. Hille, Sämtliche Briefe, S. 143.

Aber was hilft's, übermorgen muß ich in Florenz sein, da kann man nicht lange wählen – aber der Gott der Reise ist auch der Gott des Zufalls, und sein Schützling ist der Tourist.

Aha, da sind wir!

Alle Wetter, diese Wand! und da hinten regnet es schon. Aber es blitzt auch. Eins, zwei, vier – fünf Gewitter! Ist doch großartig, dieser Rundblick! „Nein, nein, zum Henker nein, ich kaufe nichts, 50 Centimes eine Apfelsine und euer Heu von Edelweiß, das gleich auseinanderfällt!"

Diese Masse Seen, die man sieht! Einerlei, schön ist die Schweiz doch! Guckt nicht so her, ihr weißen Burschen da – das Berner Oberland wahrscheinlich: Mönch, Jungfrau – und wie die andern weiteren Spukgestalten heißen. Ein andermal, wenn sich's besser trifft! Auf der Rückreise vielleicht!

Da tritt ja auch die Sonne noch einmal hervor. Prachtvoll! Wie die Ränder leuchten! Lange Wolke, du läßt ja wohl auch noch mit dir reden!

Aber es wird ungemütlich, ein guter Grogk kann nichts schaden, gehen wir hinein! Da oder da? Wenden wir uns zur Linken!

Was klopft denn da so? Ach so, der Hausknecht. Ja, ja, schon gut! Daß der verdammte Kerl einen auch gerade jetzt stören muß? Ein famoses Madel, diese Sennerin, von der ich träumte. Und nun bums – bums! Wetter, wird es schnell hell! Da gehen auch schon welche. Nun aber hurtig, daß wir uns nicht verspäten! Element, ist das kalt, und der Wind! Wie die lange Engländerin da storcht mit dem langen Bergstock und wie sie zu thun hat, ihre wildgewordenen Röcke zu bändigen, die der Wind bald so, bald so wirft.

Doch eine ganz nette Prozession: die Hoteliers müssen recht gute Geschäfte machen.

Da muß sie kommen, gleich, wenn sie nur nicht schon da ist! Wie das Gelb lebendiger und immer lebendiger aufglüht! Nur noch die Höhe, solange, liebe Sonne, gedulde dich noch!

Was sehen die sich denn da um? Ah, Alpenglühen! Wie die ganze Bergkette so klar und majestätisch in reinem Rosenfeuer glüht, und dabei das reiche Gelb und darunter diese prachtvollen violetten Töne.

Das war zur Zeit! Wie entzündet, mit einemmale elektrisch entzündet, leben all die Wölkchen, die sich noch im Ost zusammengedrängt haben gleich einer Heerde frierender Schäfchen auf in wohliger, warmgoldiger Strahlenflut.

Da kommt der erste Blitz, ein Strahl schießt auf, der Mann mit dem langen Alphorn beginnt auf der äußersten Spitze verzückt seinen täppischen Hymnus zu dudeln.

Strahl um Strahl wird frei, und voller und immer voller keimt noch das köstlich zarte und doch so volle Licht der edlen Scheibe des majestätischen Taggestirnes. Und mit einemmale bringen all die Seen und Flüsse und Wasserläufe im Osten der Königin ihren Gruß, ihre leuchtende Huldigung dar. Und die eben noch so kalten Nebel wallen nun als zart durchschimmernder Weihrauch auf.

Es giebt nicht viel Lebenslagen, die einen derartigen Überblick wie aus Adlersauge gewähren.

Aus: F. Kolk, Altes und Neues von der Börse. Zittau 1893, S. 13f. – Neu abgedruckt in Christoph Knüppel: Peter Hille unter Literaten, Theosophen und Antisemiten in den Berliner Vororten Steglitz und Friedenau, in: Literatur in Westfalen. Beiträge zur Forschung 13 (2014), S. 133–135.

Hille hatte nachweislich an dieser antisemitischen Broschüre des Leutnants a. D. Franz Ferdinand Kolk (geb. 1845) aus Berlin mitgearbeitet. Der Erzähltext schildert, wie der namenlose Ich-Erzähler mit der Zahnradbahn von Arth am Zugersee über Goldau auf das Bergmassiv des Rigi fährt, dort in einem Hotel übernachtet und am nächsten Morgen mit anderen Touristen auf dem Gipfel des Rigi Kulm (1797 m) oberhalb des Hotels den Sonnenaufgang erlebt. Offensichtlich gibt Hille hier ein Geschehen während seiner Reise von Zürich über Lugano und Mailand nach Florenz Ende Juni oder Anfang Juli 1889 wieder. Der Besuch des Rigi muss unmittelbar vor seiner Fußwanderung über den Gotthardpass stattgefunden haben.

Es gibt zu diesem Text einen – kürzeren – Paralleltext in Hilles Aufsatz Darstellender Kunst Vergeistigung *vom Februar 1895, der seine Verfasserschaft bestätigt:* „Ich eile dem Auslug des Rigi zu, so verspätungsbedrohlich hell und immer heller leuchtet's über die Klippe. Tag, Tag halt ein, werde nicht eher geboren, bis ich droben. Aber so hell, so hell! Dort, dort drängt's! Dort muss sie aufspringen die Sonne. Da, da, viel, viel mehr rechts, da kommt sie, wie ein Stern leuchtet ihr erster Rand. So ist es auch mit dem Genius. Man kann ihn erwarten, muss ihn aber kommen lassen, wie er will. Er lässt sich nicht berechnen wie eine mathematische Aufgabe."[4]

---

[4] Peter Hille: Darstellender Kunst Vergeistigung (Teil 2), in: Amsler & Ruthardt's Wochen-Berichte, Jg. 3, Nr. 20 (9. 2. 1895); hier zit. nach Peter Hille: Werke zu Lebzeiten nach den Erstdrucken und in chronologischer Folge. Teil 2 (1890–1904). Bielefeld 2007, S. 451f. Auf die zahlreichen Absätze wurde hier verzichtet,

6 Am eisernen Kreuz (1895)

Auf schroffem Fels im Grünen ernst ein eisern Kreuz!
Ein Ehrenzeichen auf der Erde Brust, der Erde,
Der immer starken, immer invaliden Erde,
Der deutschen Erde.

       Eigen schönes Ehrenzeichen!
Ein wenig seltsam, wie auf eines Pfarrers Brust,
Auf jenes Kellners Herzen, der in Baden Baden
Dem herben Friedrich Vischer gab die schönen Worte:
„Ein Kellner und ein Held!"

       Du liebe deutsche Erde!
So frühlingsschön, so arbeitsernst, so heimathhehr.
Ob gut ob böse Tage, Du hältst uns die Treue.
Nie wird Dein Nacken tragen fremde Herrscherschritte …
Du liebe deutsche Erde – – –

Aus: Iserlohner Kreisanzeiger, Nr. 109, 10. Mai 1895, S. 3.

Das Gedicht ist vermutlich durch den Iserlohner Lehrer und Literatur-vermittler Ludwig Schröder (1863–1934) in den Kreisanzeiger *gelangt. Hille hatte sich von Mai bis Juli oder August 1895 in Iserlohn aufgehalten. Der* Iserlohner Kreisanzeiger *erschien unter diesem Titel seit 1875. Verleger und Redakteur war Rudolf Wichelhoven (1839–1907). Strophe 2 spielt an auf Friedrich Theodor Vischers Gedicht „An Uhlands Geist" (1871), in dem ein Kellner in Ems (nicht: Baden-Baden) im Mittelpunkt steht, der ein „Kreuz von Eisen" trägt. Dieser Orden wurde ihm im deutsch-französischen Krieg 1870/71 verliehen. Vischer schreibt dazu: „Mit seinem Volk in Wehr und Waffen / Hat er im blutgestriemten Feld / Redlich am Reiche mitgeschaffen / Zugleich ein Kellner und ein Held."*

7 Wilhelm Arent. Biographische Skizze (1896)

Was dichterisches Feuer und unaufhörliche Glut der Produktion angeht, steht Wilhelm Arent einzig da.

Einzig ist aber auch die Verschwörung der Kritik gegen diesen lebensübervollen, fortwährend neue Mittel findenden Dichter, sein in steigendem Läuterungsgange wie Dantes divina comedia sich hebendes Seelenall schön wie eine Erscheinung an die Außenwelt gelangen zu lassen. So könnte es schon sein, daß erst durch diese Zeilen der Eine oder der Andere auf diesen Genius aufmerksam gemacht wird, dessen Werke in weit über zwanzig Gedichtsammlungen vorliegen, von denen jede eine andere Welt bildet: er hat eben nie zu Jenen gehört, die diesem vereidigten Ruhmesmakler[1] Aufträge geben mochten oder sich zu Gegenleistungen verpflichteten.

Wilhelm Arent, geboren im April 1864, stammt aus vornehmer, zum Teil in Livland angesessener Familie.[2]

Er lernte Welt und Leiden kennen durch Reisen und Einsamkeit, vor allem aber durch Einblick in die eigne Welt der Leidenschaften, die unter furchtbaren Kämpfen den Läutersteg der Vollendung wandelt.

Die Vornehmheit seiner Natur erhebt sich bis zu einer schier überirdischen Feinfühligkeit für das Edle.

Arents Gedichte stammen nicht aus dem Hirne, sondern aus dem ganzen Menschen: es sind Meteore, glühende Seelenstücke oder kosmische Neubildungen der Empfindungswelt.

Arent ist ein „lebender Dichter" im eigentlichen Sinne des Wortes, wie wir in Deutschland einen zweiten zum mindesten vergeblich suchen können. Jugendschönheit, Ungestüm, unabhängige Lebenslage, Stolz und Kindlichkeit eines edeln Geistes, Vorliebe für Sport: diese äußeren Umstände weisen unverkennbar auf Lord

---

[1] Mit dem „vereidigten Ruhmesmakler" ist die Literaturkritik gemeint. Die ab 1889 erschienenen Gedichtbände Wilhelm Arents fanden bei ihr kaum Beachtung.
[2] Wilhelm Arents Mutter Malwine Christine Arendt, geb. Böttcher (1835–1910) stammte aus Riga.

Byron[3] hin, und doch ist die Dichtung noch viel jäher wie bei dem englischen Ichdichter …

Proben?

Woher nehmen aus solcher Überfülle?

Ich glaube, der Unterschied zwischen Dichternaturell und Alltagsmensch kann nicht treffender und zugleich melodischer gegeben werden als in folgendem Lied:[4]

„Weshalb ich meide

Der Sonne Licht,

Wahnsinnig leide, Sie wissen's nicht!

Sie leben glücklich

Tagaus, tagein,

Und werden einst schicklich

Begraben sein."

Wie magisch stimmungsvoll ist folgende Selbstschau:

„Die Welt der Dichter und der Narren,

Die seltsam düst're mir gefällt:

Wo zwischen Hecken, Wahnsinnsfarren

Der Sehnsucht keuscher Schimmer fällt."

„Wie Geier vom Leichenmahle

Taumeln sie hin in die Ewigkeit."

Besser kann man die Söhne dieser entarteten Zeit nicht charakterisieren.

Einige der hervorragendsten Werke des Dichters seien mindestens angeführt: „Aus tiefster Seele"[5], „Lieder des Leid[e]s"[6], „Gedichte"[7], „Kopenhagen – Elsa – Fauststimmungen"[8], „Phantasus",

---

[3] Hille hatte zum *Deutschen Musen-Almanach für das Jahr 1897* ein Gedicht über den von ihm verehrten spätromantischen Dichter George Gordon Byron (1788–1824) beigesteuert.

[4] Die Gedichte zu den nachfolgenden Versen Arents wurden nicht ermittelt. Sie stammen nicht aus dem *Deutschen Musen-Almanach*.

[5] Berlin: Kamlah (Georg Nauck) [Januar] 1885. – 2., völlig veränderte und vermehrte Auflage u. d. Titel „Kunterbunt. Lyrische Federzeichnungen", Berlin und Leipzig: Thiel 1886.

[6] Berlin: Kamlah (Georg Nauck) [April] 1883.

[7] Berlin: Kamlah (Georg Nauck) 1884.

[8] Dresden: Pierson [Dezember] 1889.

„Lebensphasen"[9], „Durchs Kaleidoskop"[10], „Liebfrauenmilch"[11], „Aus dem Großstadtbrodem"[12], „Drei Weiber"[13], „Violen der Nacht"[14].

Man hat vor zehn Jahren den Dichter der damals aufkommenden, nun bereits als solche selig entschlafenen*) Richtung der „Naturalisten" zugerechnet.

Diese Unterbringung hätte nur insofern Berechtigung, wenn man Arent als den Lyriker der Lyriker, den unmittelbaren Darsteller seines Seelenlebens auffassen wollte: als Naturalisten der Seele.

Der Musiker, der Komponist, der ebenfalls in dem so vielseitig begabten Naturell Arents nicht blos angedeutet, sondern auch ausgeprägt ist,[15] giebt dem kastalischen Quell[16] der Empfindung, wenn er an ihm vorbeikommt, schon ungewollt, ungesucht, unbewußt die seelenleichte Sprache des Holdmelodischen mit.

Dieser Tage erschien im Verlage der Litterarischen Anstalt (Schulze) in Leipzig und Wien „Deutscher Musenalmanach für das Jahr 1897, Blätter neuer deutscher Litteratur und Kunst".[17]

Wie überhaupt nichts – der Welt verloren geht, sondern nur verwandelt wird, so kehren auch im Reiche des Geistes zu gewissen Zeiten entsprechende Erscheinungen wieder. Wie zu Ende des vorigen Jahrhunderts der Aufschwung unserer vaterländischen Dichtung vorwiegend auch aus Almanachen sich herschrieb (der Göttinger

---

[9] Lebensphasen. Phantasus. Dresden: Pierson [Oktober] 1890.
[10] Dresden: Pierson [Oktober] 1890.
[11] Dresden: Pierson [Juli] 1891.
[12] Zürich: Verlagsmagazin (Schabelitz) [März] 1891.
[13] Zürich: Verlagsmagazin (Schabelitz) [März] 1891.
[14] Berlin: C. F. Conrad [September] 1891.
[15] Wilhelm Arent selbst gibt an, er habe 1885/86 eine Gesangsausbildung bei dem Konzertsänger Adolph Schulz in Berlin absolviert.
[16] Die Kastalische Quelle liegt am Fuß des Parnassos bei Delphi. Sie ist nach der mythischen Nymphe Kastalia benannt, die sich auf der Flucht vor dem werbenden Apollon in die Quelle stürzte. In der Antike war sie dem Apollon und den Musen geweiht. Der Sage nach verlieh sie die Dichtergabe, wenn man von ihr trank.
[17] Wilhelm Arent (Hg.), Deutscher Musen-Almanach für das Jahr 1897. Blätter neuer deutscher Litteratur und Kunst. Leipzig und Wien: Litterarische Anstalt (Schulze) o. J. – Das Buch erschien am 25. November 1896.

Musenalmanach des Hainbundes, die Schillerschen Horen)[18], so regt sich auch jetzt wieder einer neuen Richtung zugewandte Dichtung mit Vorliebe in Musenalmanachen. Schon vor zwölf Jahren veröffentlichte Wilhelm Arent in einem starken Bande die „Modernen Dichtercharaktere"[19]. Es fand sich damals eine Reihe Dichter zusammen, die nicht in das Alte sich einordnen wollten. Hat nun auch nicht jeder von diesen als Charakter sich bewährt und benutzten sie diese Sammlung nur als eine sich gerade bietende Postgelegenheit, um sie ins Publikum mitzunehmen, so ist die vorliegende Ergänzung dafür umso bedeutsamer. Seitdem sind schon manche Richtungen in der Dichtkunst vorbeigerauscht. Programme haben ihre Zugkraft verloren.

So hat sich der durch Erfahrung belehrte Herausgeber in diesem monumental ausgestatteten, mit künstlerischen Beiträgen aufstrebender Richtung reich versehenen Sammelwerke ausschließlich an künstlerische Zeitwerke, garnicht an Namen gehalten.

Die deutsche Volksseele in all ihren Empfindungsweisen, *soweit* die deutsche Zunge klingt, kommt zu Worte.

Die Scholle spricht.

Das Lied „An die Mark" von Paul Dudzus kann Volkslied werden und in die Schullesebücher übergehen.[20] Ebenso die schlichte, männlichschöne Dichtung Wilhelm Schlenthers.[21]

---

[18] Der *Göttinger Musenalmanach* erschien von 1770 bis 1807 und verdankt seine Entstehung dem Hainbund, einer Vereinigung von Schriftstellern der Sturm-und-Drang-Zeit. Die von Friedrich Schiller herausgegebene Literaturzeitschrift *Die Horen* erschien von 1795 bis 1797.

[19] Wilhelm Arent (Hg.), Moderne Dichter-Charaktere. Mit Einleitungen von Hermann Conradi und Karl Henckell. Berlin 1885.

[20] Paul Dudzus: Mark Brandenburg. In: Deutscher Musen-Almanach, S. 235f. – Paul Dudzus, geb. 1874 in Berlin, gest. 1949 in Berlin, wurde 1899 Tierarzt beim preußischen Militär. Nach dem Ersten Weltkrieg eröffnete er in Berlin eine private Tierarztpraxis, die auf Hunde und Katzen spezialisiert war. Weitere Veröffentlichungen von ihm sind nicht bekannt.

[21] Wilhelm Schlenther: Reiterlied. In: Deutscher Musen-Almanach, S. 277ff. – Der unverheiratete Karl Johann Wilhelm Schlenther, geb. 1842 in Insterburg, gest. 1911 in Berlin, bezeichnete sich als Schriftsteller und ist die einzige Person, die hier in Frage kommt. Es gibt allerdings keine selbstständige Veröffentlichung von ihm;

Aber wie's der selbstlos selbstvollen Haltung des Werkes entspricht, hat der Heimatston nichts von philisterhafter Beschränkung: heimatsfrei grüßt er Erd' und Himmel.

Bei jeder solcher Sammlung liegt die Gefahr nahe, daß sie als Mosaik erscheint; hier aber hat der Herausgeber die einzelnen Beiträge so durchdrungen und ihnen dabei doch die eigene Freiheit gewahrt, sie so lebensvoll gliedermäßig zu gruppieren gewußt, wie eine Gesellschaft erst durch das Wesen des Gastgebers erst aus den Einzelbetten der Gäste zu einem Ganzen, in einer einander belebenden Gesellschaft wird.

Hatte Arent den hochverräterischen Plan, die Provinz gegen die Hauptstadt und die jammervolle papierne Überschwemmung ihrer Schriftstellerkreise zu Felde zu führen, so hat diese Aussicht eine günstige Änderung dadurch erfahren können, daß Arent heimatbewußte, eigenartfeste Dichter, die seinen Ansprüchen entsprachen, auch in Berlin selbst auffand, die er nun gegen die Nivellierten ausspielt. Dazu bildet einen schönen Gegensatz das gemütsfreudige, geistleidenschaftliche Österreich, das Vaterland der Hamerling[22] und Halm[23].

Alles in allem: der Almanach macht auf jeden, der Sinn für Entwickelung, fürs Ganze hat, einen überaus wohlthuenden Eindruck. Da werden wir nicht mit Erwartungen abgespeist, gefüttert mit großen Worten.

Starke, zeitbestimmte und zeitbestimmende Empfindungen liegen hier vor, ganz darnach angethan, Sauerteig der Zeit zu sein.

Nicht alte Herren, nicht tobende Jungen sinds, die hier sich ein Stelldichein geben, es sind Temperamente, die dem Werke den Stempel aufdrücken. Temperamente, die aus dieser Zeit in eine neue drängen oder der [b]ewährten sich erfreuen. – Da sind noch keine Namen zu

---

auch war er nicht in *Kürschners Litteratur-Kalender* verzeichnet. Er war vermutlich ein Cousin des bekannten Journalisten und Theaterkritikers Paul Schlenther.

[22] Robert Hamerling (d. i. Rupert Hammerling, 1830–1889), ursprünglich Lehrer, war damals einer der meistgelesenen deutschsprachigen Schriftsteller. Er war allerdings schon acht Jahre vor Erscheinen des *Deutschen Musen-Almanachs* gestorben.

[23] Margarethe Halm (d. i. Alberta von Maytner, geb. Wilhelm, 1835–1898) begann nach der Scheidung von ihrem zweiten Ehemann, dem Offizier Josef von Maytner, mit dem Schreiben. Neben zahlreichen Gedichten und Skizzen verfasste sie vier Romane. Seit 1888 lebte sie in Wien und war eng befreundet mit Wilhelm Arent.

Götzen geworden. Frei, zwanglos wie die Dinge der Natur bewegt sich alles durcheinander.

Vorwärtsschauende Bewegung, tendenzübersteigende Fälle sind es, die sich hervorthun, sie sprechen wahrer als laute Namen.

Ein der hastenden Gewohnheit unserer Tage gegenüber fast abwehrender Umfang,[24] ein Inhalt von weitreichendster Verschiedenheit sorgt schon für des ebenso umfang- wie gegensatzreichen Werkes richtige Wirkung.

Jeder findet etwas, das ihn abstößt, jeder etwas, das ihn anzieht. Er stößt bald auf diese, bald auf jene Richtung und verlernt so das Befremden.

So kommts, daß man nach Beendigung des Werkes jede Richtung weit hinter sich hat, und noch mehr, niemals mehr das Bedürfnis fühlt, eine neue Richtung einzuschlagen, eine Richtung, die das Fahrwasser des Geistmenschlichen verläßt, wo alles von mir und meiner Liebe redet, von der Heimat aus gottwärts strebt in des Erdenlebens hehrer Dreieinigkeit.

Deß freut sich dann Arent, der Schwimmmeister der Zeit. Nicht umsonst ist dem Werke diese zeitraubende Inhaltsfülle gegeben: es soll die Zeit sättigen und nähren, bildsam sie beeinflussen.

Als Grundstein der Entwickelung soll das Buch dienen, darum muß es gewichtig sein.

Wie eine Sinfonie wogt das Werk auf und ab, um nach allem irdischen Widerstreit in ewigem Frieden zu enden. Nur muß das Glück seine liebreichen Handleistungen nicht versagen und sich im Anfang recht nachhaltig und fördersam erweisen. Denn ist das Werk auch von höheren Gesichtspunkten aus bereitet, wir Menschen sind noch nicht ganz ätherisch, und unser Geist ist von Verlangen umflochten. Das aber schreit nach Anerkennung, nach Erfüllung. So möge denn besonders diesem Musenalmanach der Erfolg aufwachsen, wie unter dem weckenden Atem des gottgewaltigen Fakirs eine Staude sichtlich sich aufthut und erhebt. Es fehlt der Raum, aus den zahllosen Dichtungen und Werkproben des Herausgebers, der auch zugleich mit der

---

[24] Wilhelm Arents *Deutscher Musen-Almanach* hat 319 Seiten.

hervorragendste Dichter seiner Sammlung ist,[25] etwas Umfangreiche-
res mitzuteilen, wir würden sonst „im blauen Engel"[26] den Jan Steen
einer Berliner Destille[27], in „Nicäa"[28] ein raubtiersehniges Empfinden
mit gewaltigen, dramatischen Sätzen kennen lernen – ein Drama,
nicht nur in Versen gereimt nach Romanlitteratur, sondern wirklich
in Reimen gedichtet – wie denn auch der leidenschaftliche Einakter
„Marietta"[29] den im Lyriker geborenen Dramatiker erkennen ließ, der
die wildesten Empfindungen unbefangen meistert: denn die Drama-
tik ist die Epik des Lyrischen, gewonnene[30] Empfindungsdichtung.

*) Es giebt bekanntlich keinen schnelleren Totengräber als das jeweilig
Moderne.

Aus: Deutsche Vereins- und Familien-Welt. Centralorgan für das gesammte
Vereinswesen und Unterhaltungsschrift für den häuslichen Kreis, Jg. 3,
Nr. 6 (15. Dezember 1896), S. 90–91.

*Von der Zeitschrift sind nur sechs Nummern aus den Jahren 1896/97 überlie-
fert, die im Jahr 2006 vom Deutschen Literaturarchiv in Marbach erworben
wurden. Ungeachtet ihres eindrucksvollen Titels und Untertitels war die
Zeitschrift bei Licht betrachtet ein Organ der kulturellen Vereine Berlins und
hier vor allem der Laientheatergruppen. Herausgeber war der unbekannte
Wilhelm Becker, Verleger war der ehemalige Philologe Dr. phil. Emil Ebe-
ring (1855–1942) und Feuilletonredakteur der 21-jährige Journalist Felix
Lorenz (1875–1930), der nach 1900 auch an Berliner Kabaretts mitwirkte.*

---

[25] Die allermeisten Texte im *Deutschen Musen-Almanach* stammten von Wilhelm
Arent selbst. Der Zahl nach folgen mit weitem Abstand Peter Hille, Margarete
Halm und Fritz Stöber.

[26] Wilhelm Arent: Aus dem ‚Blauen Engel'. Ein tragikomisch Vororts-Spiel. In:
Deutscher Musen-Almanach, S. 266–275 und 306–307.

[27] Jan Steen (um 1626–1679) war ein bekannter niederländischer Kunstmaler, der
zugleich als Gastwirt arbeitete. Der Gastwirt des „Blauen Engels" heißt Tobias
Strohmaier, hat jedoch keine künstlerischen Ambitionen.

[28] Wilhelm Arent: Nicaea. In: Deutscher Musen-Almanach, S. 290–305.

[29] Marietta. Drama in 1 Akt (Tragisches Idyll). Den Bühnen gegenüber als Manu-
skript gedruckt. Berlin: Boll [um 1885]. – Dieser Einakter von Arent ist nie zur
Aufführung gelangt.

[30] Hille schrieb vermutlich: *geronnene.*

Auf Hilles Biographische Skizze *folgen in der Nummer vier Gedichte von Wilhelm Arent (Lose Gedanken, Burschenlied, Geniusrecht, Allerseelen).*

Mit seinem Artikel wollte Hille offensichtlich primär für den von Arent herausgegebenen Deutschen Musen-Almanach *für das Jahr 1897 werben, in dem er mit zahlreichen Beiträgen vertreten war. Seine Lobpreisung von Arent erklärt sich daraus, dass dieser ihm den Druck seiner Erziehungstragödie* Des Platonikers Sohn *finanziell ermöglicht hatte und ihm zudem bis zum Mai 1897 die Wohnungsmiete und darüber hinaus eine monatliche Unterstützung von 30 Reichsmark zahlte. Dieses Geld stammte vermutlich aus dem Vermögen von Arents Mutter Malwine Arendt, geb. Böttcher (1835–1910), bei der Arent wohnte und der Hille seine Erziehungstragödie gewidmet hatte. Diese kam selbst aus einer wohlhabenden Familie und verfügte über das Erbe ihres Ehemannes, eines Fürstlichen Forstmeisters, der bereits 1874 verstorben war. In einer etwas abgemilderten Form setzt sich Hilles Lobpreisung in einem offenen Brief an Ludwig Jacobowski fort, der unter dem Titel „Audiatur et altera pars" im April 1898 in der* Gesellschaft *abgedruckt wurde. Auch darin vergleicht Hille den Dichter mit Lord Byron (und Shelley) und kündigt zugleich an, im Laufe des Sommers eine knappe „Darstellung vom Schaffen und Wirken Wilhelm Arents" liefern zu wollen. Dazu ist es jedoch nie gekommen. Nach dem offenen Brief wird Arent von Hille bis zu seinem Tod nicht mehr erwähnt. Dies hat wohl auch damit zu tun, dass Arent nach dem März 1897 nichts mehr veröffentlichte und vermutlich ab dem Sommer 1898 dauerhaft in einer Heil- oder Irrenanstalt untergebracht war. Im Berliner Adressbuch taucht er zum letzten Mal 1900 unter der Anschrift seiner Mutter auf. In Kürschners Litteratur-Kalender ist er von 1914 bis 1917 nur noch mit einem Fragezeichen verzeichnet. Sein Sterbedatum ist nicht bekannt.*

Außer von Hille wurde Arents lyrisches Schaffen nur von sehr wenigen Schriftstellerkollegen positiv beurteilt, so etwa von Karl Bleibtreu, August von Sommerfeld und Paul Barsch. Es dominiert die Einschätzung des Schriftstellers und Journalisten Paul Raché, der 1898 schrieb: „Wilhelm Arent ist stets mehr ein literarischer Poseur gewesen als ein Dichter und darf kaum noch ernst genommen werden." (Hamburger Fremdenblatt Nr. 283, 03.12.1898, 2. Beilage) Etwas ausführlicher urteilt Rainer Maria Rilke, der im Deutschen Musen-Almanach *ebenfalls mit zwei Texten vertreten war, in einem Vortrag über „Moderne Lyrik", gehalten am 5. März 1898 in Prag. Unter Bezugnahme auf die Anthologie* Moderne Dichter-Charaktere *des Jahres 1885 äußert Rilke: „Die Veteranen von damals sind auch heute meistens so klug, nicht immer wieder ihre Verdienste dadurch zu verkleinern, daß sie sie stets aufs neue betonen. [...] Arent aber, Holz und Schlaf können den alten Ruhm nicht vergessen. In 42 Gedichtbüchern und einigen kurzatmigen Zeitschriften und Anthologien war Herr Arent seither unablässig bemüht, seine eigene Bedeutung zu beweisen, er sah jedes Jahr einigemal den großen Morgen anbrechen und fühlte sich als Prediger in der Wüste und warf seitenlange Fehdehandschuhe bald dem bald jenem hin, so zahlreich, daß sich endlich keiner mehr bemühte, sie aufzuheben. Er hat sich selbst dabei verloren. Das ist schade; denn wer Geduld hat, könnte aus Arents 42 Büchern vielleicht ein kleines Bändchen Kunst zusammenstreichen, das für ihn Zeugnis gäbe.*"[31] *Auch der* Deutsche Musen-Almanach *erwies sich für Arent nicht als der erhoffte Erfolg.*

---

[31] Rainer Maria Rilke: Moderne Lyrik. In: ders., Werke. Kommentierte Ausgabe in vier Bänden. Bd. 4: Schriften. Hg. von Horst Nalewski. Frankfurt a. M. und Leipzig 1996, S. 76f.

8 Berlin im Jahre 3297. Ein Ausblick (vermutlich: 1897)

„Bitte, wollen Sie nicht einmal mein Hirn einer nähern Untersuchung unterziehn, Herr Hirnrat? Ich fühle hier über dem Ohre im Speisehügel einen spannenden Druck. Mit meinem Röntgenspektroskop konnte ich nichts finden. Auch habe ich seit gestern so einen merkwürdigen Hang, Sägespähne zu mir zu nehmen."

„Wollen mal sehn! Übrigens Röntgern![1] Wer nimmt denn auch noch so ein veraltetes Instrument, fossil, antediluvianisch[2]. Trumps, das ist das Einzigwahre."

So rückte der Arzt eine Standleiter heran und stieg drei Schritte darauf empor denn die Schädelhöhe schwankte damals zwischen drei und vier Ellen.

Nun hielt er einen Spiegel an's Auge und prüfte das Knöllchen über dem Ohr, worin der Nahrungsmittelsinn sein Wesen treibt. Das Eßvermögen schien bei dem Patienten schwach entwickelt, denn die Hervorwölbung war nicht größer als eine Magnum Bonum Kartoffel.[3] Der Spiegel stralte eine erweichende, schmerzlos machende Kraft aus, so daß der Heilkundige nach zehn Minuten den Schädel aufblättern und die Knöllchen des Hirns behutsam bei Seite legen konnte, bis er an die angegriffene Stelle kam. Hier tastete er und drückte.

„In der Tat, eine Verhärtung zeigt sich an, daher die Vorliebe für Hartes und Holziges. Nicht wahr, Sie fühlen auch einen spannenden Druck hier?"

„Ja, Herr Rat."

„Nun wohl, die Sache hat nicht viel auf sich. Essen Sie drei Wochen lang nichts als Suppen und trinken Sie Champagner. Schnaps & Co. könnte ich Ihnen empfehlen. Sie haben doch Mittel? Oder soll ich Ihnen eine Bedürfnisanweisung geben?"

---

[1] Der Physiker Wilhelm Conrad Röntgen (1845–1923) entdeckte 1895 die nach ihm benannten Röntgenstrahlen.

[2] Antediluvianisch: vor dem Diluvium (lat. Überschwemmung) liegend, vorsintflutlich, antiquiert. In Anspielung auf die Sintflut wurde das Pleistozän im 19. Jahrhundert als „Diluvium" bezeichnet.

[3] Magnum bonum: englische Kartoffelsorte, die 1876 zugelassen wurde.

„Ich bin nicht grade [reich], aber so viel besitze ich schon, um dafür aufzukommen."

[„]Nun, dann beträgt meine Gebühr auch nur tausend Mark.

Danke!

Übrigens!"

Der Gehen Wollende wandte sich um. ~~Ihren Schädel kann ich Klugheit scheints sehr sehr ausgebildet sind Sie~~ [„]Aber Sie haben noch etwas weit Gefährlicheres an Ihrem Schädel, was Sie gar nicht zu wissen scheinen.

2

Klugheit und Verheimlichungssinn bilden ~~wahrhafte~~ verdächtige Protuberanzen um Ihre Pfeilnaht[4]. Da Sie darnach ein bedeutender Kassierer sein werden, so wär es am Besten, wenn Sie sich einen Urlaub geben ließen. Im Geschäftsinteresse natürlich, denn Sie sind eine tüchtige Kraft, die Ihr Prinzipal sich nicht gern entgehn lassen wird. Vierzehn Tage möchten genügen, wenn Sie sofort gehn, denn der Auswuchs ist noch frisch und weich. Aber Sie kennen Ihren Ovid: *Principiis obsta, sero medicina paratur,* (~~conv.~~ *convaluere mala.*[5] Also denken Sie daran, daß Sie keine Verdrießlichkeiten haben.["]

„Ich danke Ihnen Herr Rat und werde Ihren Rat bestens befolgen. Und was würden Sie mir vorschlagen?"

[„]Mit bestem Gewissen kann ich Ihnen das Institut Prophylaxis von Dr. Sicher empfehlen. Mäßige Preise, sorgfältigste Behandlung! Es liegt Berlin. W Zehlendorf, Wanseestraße 1009, also ganz an der Grenze des Weichbildes[6] nicht weit vom See."[7]

---

[4] Pfeilnaht: Nahtstelle zwischen den beiden Schädelknochen.

[5] Ovid: *Remedia amoris.* Übersetzt und hg. v. Niklas Holzberg. Leipzig 2011, S. 12–13, Verse 91–92: „Principiis obsta: sero medicina paratur,/cum mala per longas convaluere moras." Deutsch: "Widersteh zu Beginn! Zu spät wird ein Mittel bereitet, wenn die Übel bereits stark sind durch langen Verzug."

[6] Weichbild: Gebiet innerhalb von Orts- oder Stadtgrenzen.

[7] Wannseestraßen in Steglitz-Zehlendorf: eine führte vom Zehlendorfer Ortsteil Schlachtensee nach Nikolassee. Sie tauchte 1901 erstmals im Berliner Adressbuch auf und wurde 1939 in „Spanische Allee" umbenannt. Die zweite Wannseestraße existierte noch heute in Klein-Glienicke bei Potsdam.

„Danke sehr!“

„Bitte!“

Ein Knabe und ein Mädchen verließen die Straßen, auf denen Alles flog und radelte. Nur Hunde waren zu sehn, die mit jammervollem Lechzen nach Berliner Art die Möbelwagen zogen. Sie betraten die städtischen Anlagen am Müggelsee. Der Knabe hatte seinen Arm um ihre Schulter gelegt. Ihre Rechte und seine Linke ruheten in einander, denn das Weib ist konservativ von Natur; ~~darum ist ihr auch~~ daher auch das fast ängstliche Streben nach äußerlichen Veränderungen, nach Moden und Neuerungen jeglicher Art.

3

Träumerische Innigkeit flatterte scheu, schelmisch spähend von ihren Augen und wenn sie die Blicke senkte, dann mass sie ihre Schritte mit weicher Bestimmtheit nach den seinen ab.

„Wieviel Einwohner hat Berlin, Du musst es doch wissen: dein Vater ist ja im Einwohnermeldeamt.“

„27 547 297.[8] Das geht, nicht?[“]

„Es besteht ja auch schon weit über 2000 Jahre. Was ist das eigentlich[:] Krieg? Wir bekommen nächstens alte Geschichte. Da habe ich mir gestern das Buch schon geholt. Da steht alle Augenblicke das Wort ‚Krieg‘. Ihr habt doch schon alte Geschichte?“

„Natürlich. Krieg – dann schlugen sich die Leute tot. Weisst du, gleich so ganze Haufen.“

„Und Soldaten?“

„Das waren welche, die waren dafür da extra, um sich tot schlagen zu lassen und andre tot zu schlagen.“

„Gott, wie dumm! – Aber ich kann’s mir nicht so recht vorstellen. Was hatten die denn davon?“

---

[8] In der Vorlage ist die Zahl durch Kommata gegliedert, worauf hier verzichtet wurde.

„Nichts! Aber das war doch grade so nett."

Sein Wesen glühete, feierlich leuchteten seine Wangen, sein Auge blitzte.

„Das muss doch schön gewesen sein damals. Ich wollte, ich hätte damals gelebt."

4

[„]Ja, sollen wir uns nun heiraten?["]

„Das geht doch so nicht, da müssen wir erst die Nachkommen studiren, die Erblichkeitsgleichungen ausrechnen und die ökonomischen Tabellen nachsehn, wie lange das Vermögen sich hält. Erst muss die Nachkommenfrage erledigt werden, dann können wir an uns denken."

Er bitter: [„]Ach diese Herrn Nachkommen, wie glücklich sind sie, welche drakonischen Gesetze legen sie uns auf. Wer's doch auch so gut hätte! Unser ganzes Lebensglück ruht --- ["]

„Die armen Nachkommen, bedenke doch, was sie wieder – das geht nicht in arithmetischer, das geht gleich in geometrischer Progression."

„Diese vermaledeiten Poeten aus dem Altertum. Mit ihren ewigen Vererbungsschwätzereien, denn Werke, Bücher sind das doch nicht – haben sie das uns eingebrockt."

„Ja, jede Zeit hat ihre Plage. Sei nicht ungerecht, Arthur! Wer weiss, was die wieder für Plagen hatten damals.["]

„Wenn ich so bedenke, mit drei Jahren schon vergleichende Nationalökonomie!"

„Das ist doch gut so, so wird das zum Leben Notwendige gleich mit der Muttermilch eingesogen, du Romantiker, du (zärtlich) Krebsgänger, du Rückschrittler! Was sollen wir Mädchen da erst sagen? Müssen wir nicht schon mit drei Jahren höhere Männerkunde, Küchenchemie und Plauderkunde betreiben? Dann kommt schon mit vier Jahren Ehestrategie. Und die ist nicht leicht. Es gibt welche, die sich nach vierzehnjährigem Studium noch verhauen haben."

– – –

5

~~Studium noch verhauen haben"~~
„Du Männchen, meine Träume sind seit einiger Zeit so abscheulich. Ich lese hier grade im Boten des Glücks[9]: ‚Unfehlbares Mittel, angenehme Träume zu haben: Tausende und Abertausende von Anerkennungsschreiben hoher und höchster Herrschaften können in unsern Räumen zu jeder Zeit in Augenschein genommen werden.‘"
„Kostet?"
„Steht nicht dabei!"
„Das ist verdächtig. Du kannst ja mal anfragen am Sprechrohr."

„Bitte, Herr Privatheiliger, welche Gedanken werde ich bei meiner Hochzeit haben?"
„Bei der Trauung?"
„Ja!"
„Einen Augenblick, lassen Sie mich Ihre Augen prüfen. Also, Sie denken alsdann: Gott, muß ich dumm aussehn jetzt! Und ich dumme Pute werde noch immer röter. Daß man hier aber auch so auf den Präsentirteller –"
„Ja, ich fühle, Sie haben Recht, doch woher –"
„Ihre Frage, mein gnädiges Fräulein, nicht mein Wissen. Sonst nichts gefällig?"
„Nein, diesmal nicht: danke!"

(Berlin im Jahre u.s.w.)

[9] Es könnte sich um eine Anspielung auf den illustrierten Haus- und Familienkalender *Der Glücksbote* handeln, der von 1895 bis 1938 in Leipzig bei Bergmann erschien.

6

Verschmähter Posten.

Arbeitssuchende drängten hungrig um eine riesengroße Ankündigung.
Alle kratzten sich das Ohr. Nur Einer, der drei Tage nichts gegessen,
stieg kühn die Stufen des Prachtpalastes in der Wilhelmstraße[10] hinauf.
Fünf Minuten darauf war er Finanzminister.
Der Unselige!
Denn wie ein Labdakidengeschlecht,[11] dessen unselige Sprossen
das Schicksal verflucht, waren seit den grauesten Zeiten, einzelne
Gelehrte zählten bis auf Miquel den undeutschen Michel zurück,[12]
die Bewohner dieses Hauses [ein?] Irrenhause zum ewigen Quisi-
sana[13] gegangen.
Die Steuern wollten und wollten sich nicht mehr unterbringen
lassen.
Paßänderung, Ehen, Ehescheidungen, alles war belastet.

---

[10] In der Wilhelmstraße lag das Regierungsviertel. Hier befanden sich viele Mini-
sterien, allerdings nicht das preußische Finanzministerium.

[11] Labdakiden: in der griechischen Mythologie Herrschergeschlecht der Stadt Theben.

[12] Johannes Franz Miquel (1828–1901), nach der 1848-er Revolution Mitglied im Bund
der Kommunisten und im Briefkontakt mit Karl Marx wurde er zum seinerzeit
wohl prominentesten Renegaten, der Gründungsmitglied der Nationalliberalen
Partei und schließlich von 1890 bis 1901 preußischer Finanzminister war. Miquel
revolutionierte das preußische Steuersystem, dessen Grundelemente sich bis
heute erhalten haben. 1897 stand er im Zenit seiner Macht, als er Vizepräsident
des Staatsministeriums und geadelt wurde.

[13] Quisisana: eigentl. qui si sana (ital.): „Hier wird man gesund". Quisisana war
ursprünglich der Name eines Hügels, später dann eines mittelalterlichen Palastes
in Castellamare di Stabia am Golf von Neapel, den die italienischen Könige für
ihren Sommeraufenthalt nutzten. Auf der Insel Capri erbaute der schottische Arzt
George Clark 1845 die Heilanstalt Villa Quisisana für Patienten mit Lungenkrank-
heiten und wandelte diese 1868 in ein Hotel um, das noch heute besteht. Friedrich
Spielhagen (1829–1911) schrieb nach einem Aufenthalt dort seine erfolgreiche
Novelle *Quisisana* (1879), in der das Hotel zum unerreichten Sehnsuchtsort wird.
1880 erbaute Rudolf Sendig (1848–1928) in Schandau an der Elbe das Hotel Villa
Quisisana, das sich unter Adligen und Prominenten großer Beliebtheit erfreute.
Zum Synonym für ein Kurhaus oder Sanatorium wurde der Begriff erst in den
1890er-Jahren, als weitere Pensionen mit diesem Namen eröffnet wurden.

Sogar die Kinder, die durch diese vom Staate Vorteil haben. Die Höhe der Steuern war immer verhältnismäßig dieselbe geblieben. Ihre Verwendung indeß war im Laufe der Zeit eine andere geworden. In den letzten Jahrzehnten hatten die Schulen, die bis zu den Monasteranstalten[14] unentgeltlich waren, wie auch besonders die Wissenschaften und schönen Künste, obgleich da auch schon die Bürgerschaft ein reges Fördern trieb, den Löwenanteil beansprucht. Bildungsbeflissene, die keine Mittel hatten, erhielten bis zu einem gewissen Betrage die Bücher von Staatswegen.

Ein Frachtkutscher verglichen Emerson[15] und Fechner,[16] während sie [recte: er] neben den lechzenden Hunden hergingen [recte: herging], die langsam Schuhrsche[17] Möbelwagen zogen in den Straßen, wo Alles flog und radelte. Nur bisweilen beschleunigte er durch einen Zug am Riemen, der vom Halsringe des armen Lasttieres ausging, dies bedauernswerte Opfer seiner Treue zu noch schnellerer Gangart. Das goldene Zeitalter von Athen schien wiedergekehrt.

Quellen: Textseiten 1, 2, 5 und 6 im Stadtgeschichtlichen Museum Leipzig, Sammlung Autographe, A/2201/2006 (Sammlung Stohmann-Tietz).

Textseiten 3 und 4 als Typoskripte im Westfälischen Literaturarchiv Münster, Sammlung Peter Hille, 1037/13; abgedruckt in Walter Gödden/Michael Kienecker/Christoph Knüppel: Welt und Ich. Neue Peter-Hille-Funde. Bielefeld 2015 (Aufgeblättert Bd. 2), S. 86–88. – Für die vorliegende Textsammlung wurde dieser Abdruck geringfügig überarbeitet.

---

[14] Hille meint hier offenbar die Kloster- bzw. Ordensschulen (lat. monasterium: Kloster).

[15] Ralph Waldo Emerson (1803–1882), amerikanischer Philosoph

[16] Gustav Theodor Fechner (1801–1887), Physiker und Philosoph, begründete die sogenannte Psychophysik. Hille nennt ihn auch in seinem Roman *Die Sozialisten* (1886).

[17] Offenbar handelt es sich hier um eine Anspielung auf den Berliner Verlagsbuchhändler Gustav Schuhr (1853–1908), der 1881 den Berliner Verlag Wilhelm Ißleib übernommen und bis 1906 weitergeführt hat. Schuhr hatte Gerhart Hauptmanns Erstlingswerk „Promethidenloos", sowie Werke von Karl Henckell, Otto Julius Bierbaum, Arno Holz und Johannes Schlaf verlegt und pflegte mit diesen Autoren sowie mit Max Kretzer zeitweise „regen persönlichen Verkehr". Seine Verlagsbuchhandlung befand sich in der Wilhelmstraße 119/120. Vgl. den Nachruf in: Börsenblatt des Deutschen Buchhandels, Jg. 75, Nr. 35 (12. Februar 1908), S. 1714.

Das unvollständige Manuskript im Leipziger Museum ist Bestandteil eines Nachlasses, den das Museum 1985 durch Erbschaft übernahm. Erblasserin war Ilse Stohmann (1903–1984). Die Sammlung, die rund 13.000 Autographen umfasst, geht auf ihren Großvater, den Schauspieler und Theaterdirektor Joseph Tietz (1831–1906), zurück. Der gebürtige Münchner siedelte 1870 nach Leipzig über. Er sammelte zunächst vorrangig Autographen von Schauspielern, später auch von Schriftstellern, Musikern und bildenden Künstlern. Als die Sammlung nach seinem Tod an seinen Stiefsohn Walther Stohmann-Tietz überging, war ihr Umfang beachtlich. Bis 1930 wuchs der Bestand weiter an. Ilse Stohmann vermehrte die Sammlung nicht, rettete sie aber über den Zweiten Weltkrieg.

Das handschriftliche Manuskript und die beiden Typoskripte konnten nun zusammengeführt werden, so dass die sechs Skizzen von Hille erstmals in ihrem Textzusammenhang vorliegen. Die Skizzen sind vom Begründer der deutschen Zukunftserzählung Kurd Laßwitz (1848–1910) inspiriert, dessen „Bilder aus der Zukunft" Hille bereits 1878 bekannt waren. Hille adaptierte offensichtlich Laßwitz' Verfahren, das Entstehungsjahr seiner Texte in den letzten beiden Ziffern der Jahresangabe im Titel zu verstecken. Daher dürfte der vorliegende Text 1897 entstanden sein. Im gleichen Jahr erschien Laßwitz' erfolgreicher Marsroman „Auf zwei Planeten", der in der Literaturszene für Aufsehen sorgte und den Wilhelm Bölsche in einer umfangreichen Rezension würdigte.

9 Brennende Liebe. Ein Stimmungsbild (1897)

Die Blumen brannten so. Klar und feurig glühten die Blumensterne der „Brennenden Liebe"[1] über den welken, weichen Blättern ihrer hohen, flaumbesetzten Stauden. Kaum bewegten sich die hohen, ein wenig umgebogenen, mit dicht aneinander sitzenden, nach oben zu abnehmenden Knospen bedeckten Löwenmäulchen.

So staubig sehen sie aus, diese Knospen, so wild und gereizt.

Es kam aber auch viel Staub herüber, denn die Hecke, welche den Vorgarten von der Hammer Landstraße[2] schied, war niedrig, und wie Mückenschwärme summten die Radfahrer vorüber – die Radaffenmenschen der Zukunft.

Ja, sogar das Blau des Himmels sah nach Staub aus und müde und welk wie des Vergißmeinnichts vergangenes Grau. Kurz und trocken, wie auf Sprungfedern hüpft ein kleiner Vogel und blinzelt mit seinen muntern, schwarzen Augen.

Und immer und immer wieder diese Radfahrer!

Wie die Dampfwölkchen einer Feuersuppe von blauen Bohnen stieg es langsam auf, war so ein Rad vorübergesaust.

Es nahm gar kein Ende.

Hoch zu Wagen fuhren Ausflügler vorbei. Kinder mit weißen Kleidern gingen feierlich vorüber wie wandelnde Kränze mit farbenfrohen Schleifen.

Oben die Fernsprechdrähte hatten einen schwermüthigen Glanz und sahen aus wie Harfen, auf denen zarte Finger spielen.

Das strohgedeckte Bauernhaus aber zwischen den Großstadthäusern hinter diesem Garten hatte sein Dach tief herabgezogen, um Schatten zu haben. Ein weißer welker Vorhang mit schmalem Spitzenrand unten, als hätte Frau Kummer ihn gehäkelt, war tief herniedergelassen.

---

[1] Die Brennende Liebe, auch Lichtnelke genannt, gehört zur Familie der Nelkengewächse und war häufig in Bauerngärten zu finden. Der Name verweist auf den scharlachroten Farbton der Blütendolden.

[2] Die Hammer Landstraße führt(e) von der Hamburger Innenstadt in östlicher Richtung bis zum Stadtteil Hamm und ging dahinter in die Horner Landstraße über.

Und hier hinter dem kühlenden Schleier, der sich auf das grelle Tageslicht legte, starrte ein Paar harter, scharfer Schmerzaugen, in denen thränenlos eine Seele sich verzehrte.

Nichts mehr zu hoffen, nichts zu verlieren. Und sie hat eine gewaffnete Seele. Seemannsbräute sind stark.

So winkt keine Erlösung.

Man sieht, wie an heißen, unbarmherzigen Tagen, bis in die sengende Ferne.

Ein Jahr zuvor, da war auch so ein Tag. Da war er noch bei ihr gewesen und hatte den Ring gebracht: Käme er so in sechs, sieben Monaten von der Fahrt wieder, dann würde sie Frau Steuermann.

Nun aber war einmal in wolkenbruchlohender Wirbelnacht in des großen Ozeans heulender Einsamkeit ein Schwanken, Drehen und Einschlürfen der Wasser gewesen, und dann hinab, hinab mit all den kräftigen jungen Leben.

Matt und welk, gelassen im Schweiße seines Angesichts, wie damals, harrte auch heute der Wirth des „Letzten Hellers" gegenüber tief in der Höhle seiner dunkelkühlen Schenke der Gäste.[3]

Und die Schwalben fliegen ab und zu und versorgen die Jungen, wie sie damals gethan.

Da hatten die Beide ihnen noch zugesehen: vertraut und geschwisterhaft.

Nun aber giebt's kein Nest mehr.

Der Orkan – und diese blendende, schrille, stechende Stille. Und die Drähte, die so gleichmüthig die Erde, die Länder und Meere durchziehen. Und nur durch die Wand von ihm geschieden, hört sie immer das sägende Schnarchen des Vaters.

Auch der Schmerz kann nicht einmal einsam sein.

---

[3] Die Gastwirtschaft Zum letzten Heller lag im Stadtteil Horn, Horner Landstraße 339. Sie war ein beliebtes Ausflugslokal mit Biergarten und Kegelbahnen und seit April 1896 auch mit der Straßenbahn erreichbar. Inhaber und Gastwirt war damals Carl Muhs. Im Stadtteil Horn lag auch die Erziehungsanstalt Rauhes Haus.

Aus: Hamburger Echo Nr. 225, 26. September 1897, Beilage.

Die sozialdemokratische Tageszeitung Hamburger Echo *erschien unter diesem Namen seit 1887. Sie vertrat in den 1890er Jahren einen reformistischen Kurs. Verantwortlicher Redakteur war damals Hermann Molkenbuhr (1851–1927).*

Hilles „Stimmungsbild" bestätigt, dass er sich im Sommer 1897 längere Zeit in Hamburg aufgehalten hat. Die Möglichkeit, den Text im sozialdemokratischen Hamburger Echo *zu veröffentlichen, verdankte Hille vermutlich seinem Freund, dem Schriftsteller und Journalisten Hermann Krieger (1866–1943), der seit Anfang 1897 in den Feuilletons Hamburger Zeitungen – vor allem des* Hamburger Fremden-Blatts – *publizierte.*

10 [„O du fröhliche, o du seelige Weihnachtszeit!"] (1897)

„O du fröhliche, o du seelige Weihnachtszeit!" Es nahen die Rüsttage[1], nun beginnt die Zeit der blutenden Herzen.

Wie sie glitzern, die großen Straßen, in Nässe und Schnee und der fieberhaften Erwartung der Läden! Es ist ein wärmerer Ton in alledem: nicht mehr so gereizt, so nervös wie sonst.

Da auf der Leipzigerstraße[2] ein Babystore: eine Ammenpuppe mit ihrem Säugling, dessen weißes spitzenreiches Tragekleidchen fast zu Boden hängt, künstliche Bettchen, Schwämme, Puder, Kinderstühle mit bunten Kugeln, die den Farbensinn des Kleinen wecken und den Unterricht im Zählen spielend in die Wege leiten sollen.[3]

Und davor die dürftigen kleinen Geschöpfe, die ihre Hampelmänner wie besessen springen lassen: „Zehn Pfennige das Stück, nur zehn Pfennige, die Herrschaften!"

Andere wieder bieten bewimpelte Ruthen feil. Nun, das ist mindestens etwas, auf dessen Genuß sie gern verzichten. Denn auch dieses sind Werthgegenstände. Arme Geschöpfe, wie wird euch die Riesenstadt noch zermalmen und verachten, besonders euch, ihr Mädchen verderben, eh' euch der Tod von ihr erlöst!

Da wankt ein großer, schlecht zusammenhängender Mann vorbei, unter seinem linken Arme trägt er ein Kindersärglein.

Der bringt seinem Kindlein das beste Weihnachtsgeschenk heim.

Aus: Unterhaltungsblatt des Vorwärts, Nr. 247, 17. Dezember 1897 [Kleines Feuilleton].

---

[1] Hier: Tage der Vorbereitung des Weihnachtsfestes.
[2] Die Leipziger Straße in Berlin-Mitte, die hier gemeint ist, lag zwischen Potsdamer Platz und Spittelmarkt und war eine zentrale Verkehrs- und Geschäftsstraße.
[3] Der Beschreibung nach dürfte es sich um das große Geschäft für Kinderbedarfsartikel Emma Bette, Bud & Lachmann in der Leipziger Straße 31/32 gehandelt haben.

11 Dieser Weihnachtsmorgen schämte sich (1897)

Es ist viele Jahre her. Da fuhr ich in der Christnacht die Weser entlang von Bielefeld nach Pyrmont.[1] Die Scheiben des Eisenbahnwagens waren trocken und darum trotz der klaren Kälte nicht gefroren. Feierlich stand der Vollmond im Westen über dem langgestreckten dunkelwaldigen Deisterzuge[2] und legte an jedem Orte eine goldene Brücke über meinen lieben Heimathsfluß, die Weser.

Es ging gegen Morgen.

Wir näherten uns der Rattenfängerstadt Hameln. Außer mir waren noch jüngere Schüler im Wagen, die in Erwartung der ihre Ankunft am Festmorgen begrüßenden Bescherung sehr lebendig waren und mich mit ihren kleinen Männergeberden, ihren Einfällen und Erinnerungen äußerst ergötzten.

„Hameln!" – –

Hier ist längerer Aufenthalt, der Bahnsteig belebt von Aussteigenden, Mitfahrenden und einen anderen Zug Erwartenden; und da der Morgen schon hell ist und wenn auch noch etwas träg in seinen Bewegungen, in seinen wachen Augen doch schon so scharf die Wirklichkeit zeigt, stelle ich mich ans Fenster und sehe mir die hier zahlreich vertretenen malerischen Trachten der Bückeburger und Minden-Ravensberg'schen Landleute an: die langen blauen Röcke und rothen, mit vielen glänzenden Knöpfen besetzten Westen der Bauern und die geblümten, über eine je nach dem Reichthum,

---

[1] Um mit der Eisenbahn von Bielefeld nach Pyrmont (ab 1914: Bad Pyrmont) zu gelangen, musste man zunächst über Herford nach Löhne fahren. Von dort fuhr man auf einer 1875 von der Hannover-Altenbekener Eisenbahn-Gesellschaft in Betrieb genommenen eingleisigen Strecke über Vlotho, Veltheim, Rinteln, Hessisch Oldendorf und Fischbeck bis Hameln. Von dort konnte man dann über Emmerthal und Welsede nach Pyrmont gelangen. Von Vlotho bis Emmerthal folgte die Bahnstrecke dem Lauf der Weser.

[2] Der Deister ist ein Höhenzug zwischen Springe und Bad Nenndorf, den man von Hameln aus sehen kann.

nach den Thalertausenden steigende Unzahl von Röcken gezogenen Mäntel der Frauen.

Da wird rechts neben mir etwas herabgestoßen. Eins nach dem anderen. Ist es Schlachtvieh? Ja, es ist Schlachtvieh, aber das Schlachtvieh der Gerechtigkeit, menschliches.

Einer nach dem andern erheben sie sich wieder. Manche ohne Mütze, Ketten um die Handgelenke, so wüst, so verstört, so ganz jäh und unvermuthet vom Verbrechen aufgerissen.

„Oh!" schrie's in mir.

„So wollt ihr die Welt bessern? Bessern?"

„Und wenn ihr nun einmal von eurer Art der Gerechtigkeit nicht lassen wollt und blind bleiben müßt im Fluge der Zeit, bis auch eure Stunde gekommen – weshalb gerade heute?" – –

Stärker und immer stärker glühete das Morgenroth auf, als mit Gewalt das Trüpplein der Stadt zu getrieben wurde, den großen rothen Mauern da vorn.³

Dieser Weihnachtsmorgen schämte sich.

Aus: Unterhaltungsblatt des Vorwärts, Nr. 253, 25. Dezember 1897.

Bisher war von dieser Skizze nur die leicht veränderte spätere Fassung aus der Gesellschaft *vom Februar 1898 bekannt. – Peter Hille lebte von Dezember 1885 bis April 1889 in Pyrmont. Sein Aufenthalt in Bielefeld am Morgen des 25. Dezember hatte möglicherweise damit zu tun, dass er seine damalige „Geliebte", die ihn in Pyrmont besuchte, vom Bielefelder Bahnhof abholte. Dazu schreibt Hille in einem Brief an Julius Hart vom Januar 1887:* „Meine Geliebte war 3 Wochen bei mir, und so habe ich gebummelt seit Weihnachten." (Hille, Sämtliche Briefe, S. 95) *Wenn diese Annahme zutrifft, bezieht sich Hilles Erinnerung also auf den 25. Dezember 1886.*

---

³ Der Hamelner Bahnhof lag östlich der Altstadt. Von dort aus konnte Hille sehen, wie die Gefangenen auf geradem Wege durch die Kaiserstraße und die Hafenstraße zum preußischen Gefängnis an der Weser mit seinen „rothen Mauern" getrieben wurden, das 1827 errichtet worden war.

12 Null und Ziffer. Eine Parabel (Für den „Sozialist") (1899)

Es war mal ein Staat. In dem wohnten nur Nullen. Lauter fette gesunde Nullen. Es gebrach an Nichts, und doch fühlten sie sich gar nicht glücklich. Aber Keiner wusste, was ihm fehl[t]e. Und sie grübelten, was das wohl sein möge. Ja, sie hatten Gelehrte angestellt, die sich nur mit dieser Frage zu befassen hatten. Vorschlag auf Vorschlag traf ein, aber nichts erwies sich als stichhaltig.

Da eines schönen Morgens trat eine Null auf den Marktplatz, frisch und rosig wie nie. Und innere Freude strahlte nur so aus von ihr.

Sie bestieg die Rednerbühne und rief: „Mitnullen!"

Und sofort kam es aus allen Gassen hervorgewirbelt. Denn wenn eine Null spricht, das hört man. Und es war ein Gedränge, so dass viele der ansehnlichsten Nullen elend zerplatzten.

Endlich ward Stille. Und die Null begann: „Mitnullen! Ich bin nur ein Laie. Ein ganz dummer Laie."

Zustimmendes Gemurmel. Ermutigt durch diesen Beifall fuhr der Redner fort.

„Aber die Laien haben manchmal die besten Gedanken. Wie viel Fortschritt ist nicht gerade von den Laien ausgegangen. Wohin wir unsern Blick wenden, auf allen Gebieten" – Rufe: „Zur Sache!"

„Mitnullen, wisst ihr, was uns fehlt? Ein Mann. Einen König müssen wir haben. Wir sind schon bei siebenzig Millionen stark[1] und noch immer keine Zahl und werden auf diesem Wege auch in alle Ewigkeit keine Zahl werden. Die Vermehrung allein" –

Und als sie noch so sprach, die Null, da kam eine recht magere Eins zugereist, nicht dicker wie ihr Stecken. Und stützte den Knotenstock unter den Berliner und blieb stehn und sah sich das an.

Und alles rief: „Eine Ziffer! hurrah!"

Da bestürmten sie ihn: „O bitte, bitte, sei so gut und werde unser König."

---

[1] Die Einwohnerzahl des Deutschen Kaiserreichs betrug 1899 knapp 55 Millionen.

Der Kunde, denn es war ein solcher, nahm seine mit trübgelber Flüssigkeit gefärbte Flasche aus der Tasche, that einen herzhaften Schluck, hämmerte den Kork durch einen Schlag mit der flachen Hand wieder fest. Dann sprach er:

„Gut, dann will ick mal nich so sind."

Nun erinnerte er sich des ihm in der Schule eingebläuten Spruches:

[„]Mit dem Hute in der Hand

Kommt man durch das ganze Land"[2],

nahm seinen Filz[3] und begann unter seinen Unterthanen umher-zugehn:

„Ein armer zugereister Handwerksbursche bittet um eine kleine Unterstützung. Seit drei Tagen keinen warmen Löffelstiel im Leibe gehabt."

Denn das ist die Macht der Gewohnheit.

Das war die erste Steuer.

Nun aber gab es noch andere Reiche. Hier hatten bisher Ziffern und Nullen einträchtig zusammen gelebt. Als nun die Nullen hier von dem Vorgange drüben hörten, beschlossen sie, desgleichen zu thun.

Und ob auch die Ziffern dagegen waren und sagten: „Wir Ziffern sind uns selbst genug, wir haben keine Ziffer über uns nötig wie ihr Nullen!"[,] sie losten eine Ziffer aus und setzten sie über sich und die anderen.

„Passt es euch nicht, wandert aus! Schüttelt den Staub des Vater-landes von euren Füßen. Die Welt ist groß.[4] Schiedlich – friedlich!"

---

[2] Altes deutsches Sprichwort. Die Mahnung sagt aus, dass sich überall Höflichkeit empfiehlt (hier veranschaulicht durch das Ziehen des Hutes).

[3] Filz: kurz für Filzhut.

[4] Anspielung auf eine gegen die Sozialdemokratie gerichtete Ansprache, die Kaiser Wilhelm II. am 24. Februar 1892 beim Festmahl des brandenburgischen Landtags gehalten hatte und die nicht nur in der Arbeiterbewegung für Empörung gesorgt hatte. Der Kaiser sagte dort: „Es ist ja leider Sitte geworden, an allem, was seitens der Regierung geschieht, herumzunörgeln und herumzumäkeln. Unter den nichtigsten Gründen wird den Leuten ihre Ruhe gestört und ihre Freude am Dasein und am Leben und Gedeihen unseres gesamten großen deutschen Vaterlandes vergällt. Aus diesem Nörgeln und dieser Verhetzung entsteht schließlich der Gedanke bei manchen Leuten, als sei unser Land das unglücklichste und schlechtest regierte in der Welt und sei es eine Qual, in demselben zu leben. Dass dem nicht so ist, wissen wir alle selbstverständlich besser. Doch wäre es dann nicht besser, dass *die*

„Unverschämt!" grollte die Masse.

„Was sich die Menschen eigentlich einbilden? Immer etwas Besonderes wollen sie!"

Ja wer hat denn das Besondere zuerst aufgebracht.

Doch wohl die Nullen.

* * *

Im weiteren Verlauf der Geschichte lernten die Nullen noch mancherlei. So, dass es nicht immer eine und dieselbe Ziffer zu sein braucht, die herrscht. Dass man eine wegnehmen und durch eine andere ersetzen kann. Dass es auch Ziffern anderer Art giebt, republikanische z. B., die Präsidenten heißen.

Aus: Litterarische Beilage des Sozialist, Jg. 5, Nr. 1 (7. Januar 1899), S. 3.

Die Litterarische Beilage zum „Sozialist" (so der ursprüngliche Titel) wurde im August 1895 von dem Anarchisten Gustav Landauer (1870–1919) gegründet, der bis November 1897 auch ihr alleiniger Redakteur war. Unter der Redaktion des gelernten Schriftsetzers und Anarchisten Albert Weidner (1871–1946), der wie Landauer und Spohr in Friedrichshagen wohnte, erschien diese Beilage dann bis zum April 1899. In ihr finden sich Gedichte, Erzählungen, Romanauszüge und Essays von Peter Altenberg, Friedrich Binde, Richard Dehmel, Gustav Falke, Theodor Fontane, Wilhelm Hegeler, Ola Hansson, Julius Hart, Wilhelm Heinse, Heinrich von Kleist, Maurice Maeterlinck, Fritz Mauthner, Emil Franklin Ruedebusch, Wilhelm Spohr, Theodor Storm, Mark Twain, Oscar Wilde, Bruno Wille u. a. Die letzten drei Hefte, die von März bis April 1899 erschienen, enthielten nur noch eine längere „Studie" von Spohr über den auch mit Hille befreundeten Jugendstilmaler Fidus (d. i. Hugo Höppener). Das Hauptblatt, die Wochenschrift Der Sozialist, trug damals den Untertitel „Organ für Anarchismus-Sozialismus". Im Gegensatz zur Sozialdemokratie hielten die Zeitungsmacher daran fest, dass der Anarchismus eine legitime Richtung des Sozialismus ist.

---

missvergnügten Nörgler lieber den deutschen Staub von ihren Pantoffeln schüttelten und sich unseren elenden und jammervollen Zuständen auf das schleunigste entzögen? Ihnen wäre ja dann geholfen, und uns täten sie einen großen Gefallen damit." (Politische Geschichte der Gegenwart Bd. 26, Das Jahr 1892, S. 25)

Die hier vorliegende Erstfassung von Hilles Parabel weicht erheblich von der bisher bekannten Fassung ab, die über fünf Jahre später an Hilles Todestag in der von Senna Hoy (d. i. Johannes Holzmann) herausgegebenen Wochenschrift Kampf, Zeitschrift für gesunden Menschenverstand *erschien und in die Werkausgaben aufgenommen wurde. Die spätere Fassung hat weniger Witz und nicht die für Hille typische Unmittelbarkeit. Dafür hebt sie stärker die politische Dimension hervor: Die Nullen berufen hier eine „Volksversammlung" ein, nicht „viele der ansehnlichsten", sondern „viele der angesehensten" Nullen zerplatzen im Gedränge, und aus den „Reichen" werden „Staaten". Von daher stellt sich der Verdacht ein, dass nicht Hille, sondern Senna Hoy, dem die Erstfassung zweifellos vorlag, diese überarbeitet und seinem anarchistischen Programm angepasst hat. Dafür könnte auch sprechen, dass Hille seit dem 27. April krank war und am 3. Mai 1904 ins Krankenhaus eingeliefert wurde.*

Hintergrund der Parabel ist Kapitel 8 aus dem ersten Buch Samuel. Dort verlangt das Volk von dem ehemaligen Richter Samuel, dass er einen König einsetzt, der sie regiert. Auch als Samuel den Israeliten die unheilvollen Auswirkungen des Königtums darlegt, bleiben sie bei ihrem Wunsch, dass ein König über sie herrschen soll. Schließlich hätten die anderen Völker auch einen solchen. Auf Gottes Weisung hin wird dann Saul zum ersten König der Israeliten.

13 Ein unglücklicher Millionär. Humoreske aus dem Schriftstellerleben (1901)

Bildung ist Macht![1]
Zum Beweis diene folgendes.
Ich saß am Tische und schrieb. Ich hatte zwar gar keine Lust dazu, denn durchs offene Fenster lachte mich der blaue Himmel an und lud mich zum Spazierengehen ein – aber was will man machen? Die Not ist gebieterisch, sie macht manchen zum Diebe, so auch bisweilen jemand zum Schriftsteller. Mit großer Willensanstrengung hatte ich meine Unlust überwunden und war eben in Zug gekommen, als meine Aufwärterin hereintrat.

„Es ist ein Herr da, der nach Ihnen fragt."

„Was … und Sie haben gesagt, daß ich zu Hause bin?"

„Verzeihen Sie, aber der Herr sagte, er sei ein alter Freund von Ihnen und wolle auch nicht lange stören."

Seufzend ergab ich mich in den Besuch, wie ich mich eben in die Arbeit ergeben hatte.

„Wo ist er?"

„Im kleinen Salon."

„Gut, ich komme."

Doch besann ich mich eines besseren: „Lassen Sie ihn nur hier hereintreten." Denn ich überlegte: hier wird er keinen Stuhl frei finden und alsbald begreifen, daß es nicht angebracht ist, mich mit langen Unterredungen hinzuhalten. Ich kenne sie, diese Herren, die kommen, um uns nicht lange zu stören. Ich kenne sie wie meine Tasche: gebt ihnen nur einen Finger, und gleich nehmen sie die ganze Hand.

Der Freund trat ein. Zuerst erkannte ich ihn nicht. Er war ein großer, starker Herr mit breiten Schultern, einem großen, fleischigen Gesicht, bartlos an Kinn und Lippe, aber mit zwei langen Koteletten,

---

[1] Abwandlung des geflügelten Wortes „Wissen ist Macht", das auf den englischen Philosophen Francis Bacon (1561–1626) zurückgeht und 1872 von Wilhelm Liebknecht aufgegriffen wurde.

schwarz wie Ebenholz; dazwischen eine breite, ansehnliche Nase, deren Spitze mit Blutgefäßen stark durchsetzt war. Die Stirne war niedrig, gewann aber durch den glänzend blanken, kahlen Schädel, der an eine Billardkugel denken ließ, eine gewisse Würde. Die Augen waren klein, leuchteten aber vor Bosheit unter borstigen, wie zur Abwehr bereitgestellten Brauen hervor. Seine gewählte Kleidung verriet den Ausländer, in seiner Hemdbrust trug er Brillantknöpfe; am Ringfinger nahm ich einen Solitär wahr, dessen Wert ich auf zehntausend Mark veranschlagte.

Ich erhob mich also, machte aus der Not eine Tugend und nahm drei große Bände von einem Stuhl fort, ihm denselben anzubieten.

„Bitte", begann ich, „womit kann ich Ihnen zu Diensten stehen?"

Der Besuch schaute mich nur lächelnd an, aber erwiderte nichts.

Nun ging mir ein Licht auf.

„Bist du's denn?"

„Natürlich, wer sonst?" entgegnete der Besuch.

„Du hast dich nicht sehr verändert", meinte ich weiter. „Nur stärker bist du geworden. Aber ... wie heißt du doch noch? Mein Namengedächtnis ..."

Der unerkannte Freund sah mich groß an: „Du kennst mich nicht wieder? Das ist gut! Er weiß meinen Namen nicht mehr. Nun, das macht dir[2] Ruhm; du bist ja ein großes Licht geworden und hast einen Namen, den man auch drüben in Amerika hört. Da hat man natürlich keine Veranlassung mehr, einen so obskuren Burschen wie Bastian in Erinnerung zu behalten."

Bastian – ich erinnerte mich, es mochten etwa vierzig Jahre ins Land gegangen sein, daß wir uns nicht mehr gesehen hatten – damals so ein kleiner Dreikäsehoch und jetzt dieser stattliche Herr, dem man's ansah, daß er festen Fuß in der Welt gesetzt hatte.

„Ja, ja, alter Junge", schlug ich ihm mit der Hand auf das Bein. „Wer hätte dich auch gleich wieder erkennen sollen nach so viel Jahren, in der Hülle des gereiften Mannes? Und woher des Weges, wenn's gestattet ist?"

„Aus Paris, aus Wien, aus Berlin."

---

[2] Muss vermutlich heißen: *der.*

„Eine schöne Tour, und von hier?"

„Zurück: Montevideo, Buenos Aires, Rio de Janeiro."

„Bravo! Du reisest wohl immer gleich zu dreien? … Es sind nun wohl schon drei Dutzend Jahre, daß du dem Vaterlande fehlst."

„Erinnerst du dich? Wir waren Kameraden bis zur Untertertia und dann noch zwei Monate auf der Obertertia. Dann mitten im Jahre bin ich fortgeblieben. Ich konnte die Verse nicht vertragen; die Zähne wurden mir lang dabei. Diese Regeln da … zum Kuckuck, wie heißt das denn noch, wenn man Verse im Lateinischen macht, im Lateinischen?"

„Prosodie, Bastian, Prosodie!"

„Entsinnst du dich noch der ersten Regel? Vocalem breviant alia subeunte Latini – Ein Vokal vor dem andern ist kurz. Junge, Junge, was für einen Blödsinn sie uns eingetrichtert haben! Schade um die schöne Zeit!"

„Nun, du hast eben nicht zu viel verloren. Übrigens ist das alles anders geworden seitdem. Es gibt jetzt Schulen nach Auswahl. Zum Beispiel die Technische Hochschule; da ist das Latein verboten wie ein schlechtes Buch. Da hättest du besser deine Rechnung gefunden, mein armer Bastian."

„Ja, es wurde mir höllisch sauer. Du aber warst immer Primus. Ja, und stolz warst du. Ja, und ich habe mich durchschlagen müssen, redlich durchschlagen. Mein Vater, weißt du, war Tafeldecker[3], und meine Mutter hatte eine Wirtschaft zehn Schritte von ihm. Und auch ich wäre Tafeldecker geworden, wenn's anders nicht gegangen wäre. In Amerika, wo ich dann hinging, hat man noch Schlimmeres durchzumachen. Da gewöhnt man sich an alles. Das Leben ist hart, sehr hart, besonders wenn man von vorn anfangen muß."

„Wem sagst du das?" entgegnete ich schmerzlich.

„Was, auch du hättest einen schweren Stand gehabt? Ja, ja, es ist wahr. Die erste Neuigkeit, die ich von dir las – es war in Montevideo – hat mich tief betrübt."

„Was war denn das für eine Nachricht?"

---

[3] Person, die in vornehmen Haushaltungen die Speisetafel deckt.

„Daß du dich daran gegeben hättest, für die Zeitungen zu schreiben. Zeitungsschreiber, ein schlechtes Geschäft, sagte ich zu mir selbst und schüttelte mich vor innerem Grauen. Ein miserabler Beruf."

„Miserabel nicht, aber hundemäßig, das kann ich dir sagen. Denke dir, ich habe angefangen mit vierzig Mark monatlich."

„Nun, dann wurde es aber besser, dann hast du dich freigemacht und fingst an, Bücher zu schreiben. Und was für Bücher, Luxusausgaben! Das wird wohl besser bezahlt? Übrigens habe ich ein Buch von dir gekauft in Paris bei dem Buchhändler auf dem Bahnhof. Nun wollen wir mal sehen, was dein alter Freund schreibt, habe ich gesagt. Ich habe die erste Seite gelesen … ausgezeichnet, sage ich dir: ‚Werke von demselben Verfasser …‘ Du meine Güte, was für eine Masse Zeugs. Ich habe bis vierundvierzig Bände gezählt."

„Du kannst noch neun dazulegen. Dreiundfünfzig Bände habe ich bis jetzt veröffentlicht."⁴

„Ist's möglich!"

„Das ist noch gar nichts. Ich denke, es im Laufe der Zeit auf hundert zu bringen."

„Alle Wetter! Aber wie bringst du es fertig, so viel zusammenzuschreiben?"

„Mit der Feder, wie du siehst. Es ist das eine Art Krankheit von mir, die Ärzte nennen das Graphomanie, und die Schreibwut ist schlimmer als die Tollwut. Wen die einmal gepackt hat …"

„Ja, beharrlich bist du, das muß ich sagen. Ich erinnere mich der alten Zeit noch gut. Du hast schon als Junge immer studiert und studiert, und ich bin ein Esel geblieben, ganz derselbe Esel geblieben wie früher."

„Unsinn!"

„Ja, ja, beim Schreiben taten mir immer die Finger weh. Das mußt du doch am besten wissen, du hast mir ja immer die Arbeiten gemacht. Und weshalb soll ich vor dir ein Geheimnis haben? Denke dir, ich habe sogar für die Geschäftskorrespondenz eine Schreibkraft

---

⁴ Als Vorbild für den vielschreibenden Schriftsteller könnte Hille Hermann Heiberg gedient haben, der von 1881 bis 1910 in kurzen Abständen einen Roman nach dem anderen produzierte.

nötig. Was Glückwünsche und dergleichen gesellschaftliche Sachen angeht, damit befaßt sich meine Frau. Unglücklicherweise aber versteht sie nichts anderes als Französisch und Spanisch. Deshalb habe ich auch nie nach Hause geschrieben an meine Freunde. Ja, das ist eine komische Sache. Ich nehme ein Buch in die Hand mit dem besten Vorsatz von der Welt. So zum Beispiel eine Sache von dir, lese eine Seite, dann sind meine Gedanken wieder wo anders."

„Dank für deine Aufrichtigkeit. So viel haben ja nicht einmal meine Kritiker gelesen."

„Das ist nicht bei dir allein. Das geht mir bei allem so. Bei der ersten Seite verliere ich den Faden, bei der zweiten schlafe ich ein, und du kannst mir glauben, ich mag mich dagegen sträuben, wie ich will: es ist stärker als ich. Das ist bei mir gerade so eine Krankheit wie deine, von der du vorhin sprachst. Bei mir: nicht lesen können, bei dir: schreiben müssen."

„Da ist nun einmal nichts zu machen."

„Aber bei meinem Sohne, da soll's, hoff ich, anders werden. Ich möchte ihn studieren lassen ... Übrigens, wie viel Kinder hast du?"

„Gar keine."

„Wie, nicht verheiratet?"

„Nein, das nicht, mein Lieber, und dafür danke ich dem Himmel; denn hätte ich geheiratet, so gäbe es auf Erden zwei Unglückliche mehr. Die Ehe, Freund Bastian, ist Einrichtung nur für die ganz Reichen oder allenfalls für die Armen, die bescheiden in ihrem Häuschen wohnen wollen. Aber lassen wir das. Was hast du in Amerika angefangen?"

„Ich habe dir schon gesagt, daß ich alles Mögliche drüben gewesen bin: Aufwärter in einer Schenke, Soldat, Deserteur, Salathändler, Grubenarbeiter. Von allem etwas; nur kein Schuft. Im Verlaufe von fünf Jahren war es mir gelungen, so eintausend Pesetas zusammenzubringen. Ich that mich mit einem zusammen, und wir machten einen Laden auf. Später übernahm ich das Geschäft ganz. Ich führte so ziemlich alles: Wein, Öl, Käse, Würste, Wachszünder, Knöpfe, Schuhe, Hemden, fertige Kleidungsstücke, Tabak, Stiefelwichse, Tinte, Federn, Papier und so weiter. So hatte ich zehn Jahre weiter gearbeitet. Dann hatte ich Glück im Handel. Ich kaufte und verkaufte Ländereien, spielte den Bankier. So habe ich in fünfundzwanzig

Jahren geistiger Arbeit … ja, ja, alter Junge, die hast du nicht allein gepachtet, daß du so lachst! Nun, was meinst du, wie viel werde ich wohl verdient haben? Rate mal!"

„Fünfhunderttausend Mark?"

„Mehr!"

„Achthunderttausend?"

„Weit mehr!"

„Weißt du, in den großen Zahlen kenne ich mich schlecht aus. Bleiben wir auf der Erde. Sage mal, was bringt dich denn wieder nach Europa? Willst du ganz hier bleiben? Dem Vaterlande das Heil deiner Millionen bringen?"

„Ja, wenn ich das könnte! Ich habe Ländereien in Buenos Aires, die sich nicht verkaufen lassen, ausgedehnte Ländereien, zusammen für zwei Millionen. Eine Million ferner habe auf der Argentinischen Bank. Aber die Summe kann ich jetzt nicht gut abheben. So muß ich mich denn notgedrungen mit den fünf begnügen, die ich in Sicherheit gebracht habe; drei davon auf der Bank von England, zwei auf der Reichsbank. Denn auch das Vaterland muß man bedenken!"

„Allerhand Achtung! Und alles ohne Schreiben?"

„Wozu das? Die Geschäfte verlangen weder Latein, noch gar schon Prosodie."

„Wohlgesprochen, mein bester Bastian, und Gott segne alle, die nicht studiert haben!"

„Magst du wohl sagen!" Und Bastian wollte sich ausschütten vor Lachen. „Doch kommen wir nunmehr auf unsere Angelegenheit. Bei alledem, was ich schon besitze, habe ich dennoch nicht das Recht, mich für zufrieden zu erklären."

„Nimmersatt!"

„Ja, es scheint sonderbar, aber es ist so. Ich bin nicht zufrieden, und auch meine Señora ist nicht zufrieden. Es handelt sich da um unseren Sohn, unser einziges Kind. Denke dir, da hat sich der Bengel in den Kopf gesetzt, ein Esel zu bleiben, wie sein Vater einer ist. In Amerika mochte das so hingehen, da giebt es keine geeigneten Erziehungsanstalten. Wenn da jemand reich ist und will seinen Sohn studieren lassen, dann schickt er ihn nach Europa. Also auf nach Europa! sagte ich zu mir. Da thun wir den Jungen in eine gute Anstalt und machen einen Doktor daraus, wie seine Mutter es wünscht. So kamen wir denn nach Europa. Erst hielten wir uns in Paris auf; meine Frau wünschte hier eine Saison zu verleben und dabei ihren Sohn im Auge zu behalten. Aber es gab nichts; die Anstalt, in die wir ihn gethan hatten, konnte mit ihm nichts anfangen und er auch nichts Rechtes mit ihr. Und dann: der Junge ist doch der Sohn eines deutschen Vaters. Da ist es doch nicht mehr als in der Ordnung, wenn er seine geistige Ausbildung im eigenen Vaterlande erhält auf guter klassischer Grundlage. Also, wir gingen herüber nach Deutschland und thaten den Jungen in ein Berliner internationales Institut, das auch drunten in Amerika einen Ruf hat.

Kaum aber war ein Monat vorüber – wir hielten uns gerade in Dresden auf, das meine Frau kennen lernen wollte – da kommt ein Brief von dort: ‚Lieber Herr Bastian! Ihr Sohn will vom Lernen nichts wissen. Er ist widerspenstig. Kommen Sie und holen Sie sich ihn wieder!‘

Da kannst du dir den Schrecken meiner Frau denken. Kaum dachte man, die Sache ist in Ordnung, nun dieses! Also wir hin und holen das saubere Früchtchen wieder. Unterwegs habe ich ihm tüchtig den Kopf gewaschen. Er war ganz geknickt, gelobte Besserung, er wolle auch ganz gern studieren, aber nicht wieder in ein Institut. Da ist nun nichts zu machen. Nun habe ich mir gedacht, es ist am besten, wenn ich den Schwerenöter zu einem Gelehrten ins Haus gebe, der sich die Zuneigung seines Schülers zu erwerben wüßte. Der Junge ist so schlecht nicht. Wenn man ihn nur zu nehmen weiß, in Güte kann man alles von ihm haben. Weißt du, auf die Kosten sehe ich nicht. Nur daß mein Sohn kein Dummkopf bleibt, über den seine Mutter erröten müßte. Nun sind wir in Köln. Wir logieren im Hotel du Nord.[5] Weißt du was, komm und iß bei uns zu Mittag. Ich stelle dich meiner Frau vor, und dann können wir über die bewußte Angelegenheit gemeinsam beraten. Ich habe mit meiner Frau viel über dich gesprochen. Und sie selbst hat mir gesagt: Geh zu deinem Jugendfreund. Vielleicht kann er dir einen Rat geben.“

---

[5] Das 1860 erbaute Hotel du Nord am Frankenplatz – unmittelbar neben dem Kölner Dom – war damals das beste und größte Hotel der Stadt.

„Das hat sie gesagt?"

„O, die ist umsichtig. Ich möchte, daß du selbst … aber du in deiner hohen Stellung …"

Köstlich, dieser Bastian – meine hohe Stellung!

„Sieh mal", fuhr der unermüdliche Vater fort, „der Knabe ist nicht schlecht, nur ein bißchen Luftikus. Mit deiner Beredsamkeit, deinem guten Beispiel bin ich fest davon überzeugt, daß du ihn herumkriegen wirst."

„Willst du mein Gutachten?"

„Darum eben bin ich gekommen."

„Gut, also halte es so, wie ich dir sagen werde. Lassen wir aber meine Beredsamkeit beiseite, die besteht nur in deiner Einbildung; laß auch mein Beispiel beiseite, auf das nichts ankommt. Also nimm dir das Bürschchen unter vier Augen vor und sprich zu ihm also: ,Also, du willst nicht studieren, Schlingel? Gut, dann wirst du, was ich war. Da hast du kein Wissen nötig; nur Grips. Verdienen sollst du, Racker! Geh meinetwegen nach Amerika, wie's dein Vater gemacht hat; schufte, nimm, was sich dir bietet, kämpfe ehrlich und kräftig den Kampf ums Dasein durch, dann wirst du zu Vermögen kommen, ein Weib nehmen und auch eine Familie haben. Und wenn deine Kinder auch nicht studieren wollen, wenn ihnen vom Latein die Zähne lang werden, wenn ihnen vom Schreiben die Finger wehthun, dann gehe einen Freund um Rat an. Inzwischen vergeht die Zeit, und eine Beschäftigung ist so gut wie die andere …'

Sieh mal, Freund Bastian, du hast drei Millionen in Amerika und fünf in Europa. Ich habe was im Kopfe. Würdest du mit mir tauschen? Ich glaube, nein. Und du thätest recht daran. Hättest du studiert wie ich, mein guter Bastian, würdest du Verfasser sein von dreiundfünfzig Bänden, damit dreiundfünfzig Generationen anderer Bastians einzuschläfern … du würdest ein Doktor sein und all das andere, das du in mir wahrzunehmen glaubst, würdest aber auch sein das anschauliche Beispiel eines Verzweifelten. Du hast nicht studieren wollen, und das war dein Glück. Du reist von Buenos Aires nach Paris, von Paris nach Wien, von Wien nach Berlin. Ebenso gut könntest du dich auf den Weg machen und nach St. Petersburg reisen, nach Moskau, nach Stockholm. Und ich kann nicht einmal mit dir hinübergehen zum Essen."

„Wie? Warum denn nicht? Das wäre doch schade, wenn du nicht mit meiner Frau sprächest!"

„Weil ich in einer halben Stunde auf die Pferdebahn zu steigen habe, um Unterricht zu geben, um dreißig bis vierzig jungen Leuten das Wenige einzutrichtern, das ich weiß. Ich muß das thun, um am Ende des Monats siebenundneunzig Mark und vierundfünfzig Pfennig zu haben.[6] Nicht alle können eben Millionäre sein auf dieser besten aller Welten, mein guter Bastian."

„Nun, um einer solchen Bagatelle willen würde ich mich keine halbe Stunde in meiner Bank aufhalten!"

„Siehst du? Da hast du den Haken der Sache berührt. Ich habe eben keine Bank. Bei mir muß es ein Katheder thun. Das ist der Unterschied. So bunt geht es auf der Welt zu. Das ist das menschliche Leben mit seinen Gegensätzen. Du hast eben einen Treffer gemacht und bist auf die günstige Seite gefallen. Sage deinem Sohn, er solle vernünftig sein, klug handeln und nicht studieren. Wenn ich bedenke, daß so viele Väter sich abquälen und so viele Mütter sich sorgen, weil ihre Söhne nicht studieren wollen …"

Und mein Freund Bastian lachte, bis er fast erstickte. „Gut gesprochen! Ja, es ist zum Lachen! Einfach allen Krempel beiseite geworfen und in die neue Welt gegangen! Hier läßt man sich tüchtig rütteln und schütteln, bis man allmählig dahin kommt, sein jämmerliches Dasein zu verbessern, es glänzender und glänzender zu gestalten. Ja, das nenne ich noch ein Leben führen! Du hast gut gesprochen, ausgezeichnet. Wenn du diese Sachen nun nur auch meiner Frau beibringen könntest! Da würdest du dir ein großes Verdienst erwerben um mich und um unsere Freundschaft. Weißt du was, komm mit!"

Noch einmal mußte ich ablehnen. Endlich verzog sich mein Freund. Nicht aber, ohne vorher sein Cigarrenetui zu ziehen und ihm ein paar gewaltige Cigarren zu entnehmen. Mächtiges Kaliber, lang, dick, duftig, mit Silberschild. Lächelnd nahm ich das mir angebotene Exemplar an und legte es auf mein Tischchen.

„Du rauchst nicht?" fragte er.

---

[6] Dieser Betrag entsprach in etwa dem Anfangsgehalt eines preußischen Volksschullehrers.

„Wie ein Türke. Aber diese werde ich aufbewahren zum Andenken an deinen werten Besuch."

„Zu danken hätte ich und um Verzeihung zu bitten, daß ich dich so lange aufgehalten habe. Aber es freut mich doch, daß ich dich aufgesucht habe. Du hast mir das Herz wieder leichter gemacht. Bei dir läßt sich viel holen. Du hast viel nachgedacht über das Leben, das hört man."

„Was du nicht meinst! Ich weiß viel, viele schöne Sachen, und alle gleich nützlich, gleich nützlich[7]. Und wenn du wieder mal etwas Zeit zu verlieren hast, so spring mal wieder bei mir vor, dann werde ich dir noch viele andere schöne Dinge erzählen."

Damit entließ ich ihn, den guten Bastian. Seitdem sind zwei Jahre ins Land gegangen, aber mein Freund Bastian hat sich nicht wieder blicken lassen. Er hatte sicher keine Zeit zu verlieren. Bei welcher Million er jetzt wohl schon stehen mag? So habe ich auch keine Gelegenheit gehabt, seine Gattin kennen zu lernen, die Señora superiora[8], die höhere Dame, wie der verehrungsvolle Gatte sie nannte.

Aus: Kölner Local-Anzeiger. General-Anzeiger für die rheinische Hauptstadt und Fremdenblatt, Sonntags-Beilage, Nr. 26, 1. Juli 1900, S. 1–2.

Der Kölner Local-Anzeiger *erschien im katholischen Verlag J. P. Bachem.*
Redakteur der Sonntagsbeilage war damals Bernhard Reuter (1857–1920),
der aus Borken in Westfalen stammte. Reuter, der sich auch in der Zentrums-
partei engagierte, war seit 1898 Redakteur des Kölner Local-Anzeigers *und*
später der Kölnischen Volkszeitung.

Hille greift in dieser Humoreske bildungskritische Motive aus seinem 1896
entstandenen Drama Des Platonikers Sohn *auf.*

---

[7] Sollte vermutlich heißen: *nutzlos.*
[8] Im Druck fälschlich: *superiore.*

14 Der Dichter der Träume (1902)

„Gott und die Träume", Gedicht[e] von Peter Baum. – Berlin, Axel Juncker.

Das ist Peter Baum.[1] Sein Buch nennt zwar auch den lieben Gott, den hat er aber als Dichterjüngling so massenhaft und so inbrünstig flehend angedichtet – zum Glück nur in endlosen Manuskriptbüchern, ein furchtbar altfränkischer Verlaine[2], daß nun nichts mehr dafür übrig geblieben ist. Zur Entschuldigung führt er ihn darum im Titel auf. Baum ist eigentlich kein Baum, mehr ein zitternd witterndes Wintersträuchlein: ob es noch nicht bald Frühling werden will? Peter Baum ist Sehnsucht, die Welt ist ihm Sehnsucht. Er sieht sie als solche. Bisweilen wird die Sehnsucht üppiger wie rothdurchleuchteter Nebel. Dann bricht ästhetisch das Gespenstische durch das Häßlichgelbe, das auch in den wenigen persönlichen Gedichten der Sammlung aufschreit, aufblakt. Das ist eine Art so.

In verdächtige oder banale Orte aber, wie die Cafés, trägt er das Märchen.

Sprache und Anordnung sind sicher und bestimmt: künstlerischer Ausgleich zu dem zartwilden Inhalt. Prosaskizzen unterbrechen die Gedichte wie Gehölze die Wiesen. Die Schlußsache, eine Parabel, von der untergehenden Sonne, die Jean Paul geschrieben haben könnte, so zart und abendroth, betitelt sich „Ein Sterben". Und ich glaube, auch Peter Baum möchte so sterben. So gütig, so mittheilend.

Das Buch ist mir gewidmet. Das kann mein Urtheil nur günstig beeinflussen, es eingehender zu machen.

Auch die Kritik muß fühlen, jeden Blutstropfen eines Werkes fühlen. Sie ist kein Untersuchungsrichter: „Zeuge, sind Sie mit dem Angeklagten verwandt oder verschwägert."

---

[1] Der Satz bezieht sich auf die Überschrift der Rezension.

[2] Paul Verlaine (1844–1896), französischer Lyriker des Symbolismus, den Hille bewunderte. Gedichte von ihm wurden um 1900 u. a. von Richard Dehmel, Hedwig Lachmann, Rainer Maria Rilke, Stefan George und Paul Zech ins Deutsche übertragen.

Aus: Berliner Tageblatt Nr. 310, 21. Juni 1902, 1. Beiblatt: Litterarische Rundschau. – Neu abgedruckt in: Hille-Post. Mitteilungen für die Freude des Dichters, Nr. 51 (Januar 2018), S. 38.

Der Gedichtband von Hilles Freund Peter Baum (1869–1916) war bereits Ende November oder Anfang Dezember 1901 erschienen. Der gleichfalls mit Hille befreundete Hans Schlieper, ein Vetter Baums, hatte ihn zusammen mit dem Gedichtband Styx *von Else Lasker-Schüler am 11. Dezember 1901 in der* Neuen Hamburger Zeitung *besprochen (Nr. 580, 2. Beilage). Weitere Besprechungen:* Berliner Börsen-Zeitung Nr. 583, 13. Dezember 1901, S. 12; Hannoverscher Courier Nr. 23522, 15. Dezember 1901, S. 17; *sowie von Hans Bethge in* Norddeutsche Allgemeine Zeitung Nr. 115, 18. Mai 1902, Beilage. *Allgemein zum Verhältnis von Hille und Baum vgl.* Nils Rottschäfer: „Aber daß er Peter Baum nicht auffrißt. Der steht unter meinem Schutze": Peter Hille und Peter Baum, in: Literatur in Westfalen. Beiträge zur Forschung 12 (2012), S. 59–85.

15 Wie Katastrophen kommen und gehen (1903)

Der Schlachtensee: wie Silber, zitterndes Silber. Und die Boote auf ihm wie Gedankenstriche, schwarze Gedankenstriche.

Und unter dem zarten Birkengrün, das eher Musik ist, grüne Musik, als Farbe, da gehen wie Kommata hinter Eigenschaftswörtern junge Leute.

Ihre Stimme wird in der tragend jungen Luft über dem See so überraschend nahe herangebracht, daß meine Blicke die Menschen dazu suchen gehen und sie erst spät, weit und undeutlich gegen den Glanz der Natur, des ewig flutenden Elementes finden.

Es singen die Kommata:

„Im Krug zum grünen Kranze

Da kehrt' ich durstig ein."[1]

Und aus einem Boot, dem nächsten Gedankenstriche, fragt es den knospenden Hain zu beiden Seiten:

„Wer hat dich, du schöner Wald,

Auf–ge–baut so hoch da droben."[2]

Ich niste mich ein in die Natur, rechts auf das „Tageblatt"[3] lege ich einen Kieferzapfen, links auf den „Vorwärts" ein Stück trockenes Holz und zünde mir vorsichtig an der dritten die vierte und letzte Cigarette an. Ich halte den Schlachtensee im Auge und die auf dem Wege jenseits des Drahtzaunes vorüberwandelnden Gruppen, als handle es sich um Arbeiter, die ich beaufsichtige.

Da, ein Ruf aus weiter Ferne; aber klar, alle Luft erfüllend mit seiner Angst: „Wir kippen um! Hilfe, Rettung, Hilfe, Hilfe!"

Von jenem Ufer her eine andere Stimme, mächtiger, hallend, verheißend: „Nicht zappeln, festhalten am Boot, ruhig bleiben, ganz ruhig!"

---

[1] Anfangsverse aus dem Gedicht „Brüderschaft" von Wilhelm Müller, das ab 1833 nach der Melodie eines älteren Liedes gesungen wurde.

[2] Anfangsverse aus dem Gedicht „Der Jäger Abschied" von Joseph von Eichendorff, das 1841 von Felix Mendelssohn-Bartholdy vertont wurde.

[3] Gemeint ist das „Berliner Tageblatt".

Und die beiden Punkte über dem Gedankenstriche, wie mochten sie beben nun, wie ihre Angst verhalten! Aber es dauert so lange, wenn die Hände erlahmen, und das Wasser nach unten zieht; wie dauert es lange, ehe das Boot, der Wasservogel heranschießt.

Endlich! Die beiden schwarzen Punkte steigen auf den neuen Gedankenstrich, der vom Ufer herankam, und die drei Punkte nähern sich dem Ufer.

Später kommt noch einmal ein längerer Gedankenstrich, das Rettungsboot, und schleppt den kieloben treibenden kleineren Gedankenstrich mit.

Die Gruppen, die diesen Vorgängen vom Ufer aus folgten, gehen weiter.

Lieder von allen Ufern, die von nichts wissen, klingen weiter, man lauscht ihnen wieder:

„Ich weiß nicht, was soll es bedeuten,

Daß ich so traurig bin!"[4]

Der See ein zitterndes Silber, oder ein spielendes ... Πάντα ρεΐ.[5]

Aus: Berliner Tageblatt Nr. 219, 1. Mai 1903. – Neu abgedruckt in Christoph Knüppel: Weitere Mosaiksteine aus Leben und Werk Peter Hilles, in: Literatur in Westfalen. Beiträge zur Forschung 15 (2017), S. 32–33.

Im April 1903 bezog Hille bekanntlich einen Raum in den Gebäuden der „Neuen Gemeinschaft" am Schlachtensee. Unmittelbar nach seinem Einzug muss hier dieser Prosatext entstanden sein. Abgedruckt wurde er mit der folgenden redaktionellen Vorbemerkung:

„Peter Hille als Berichterstatter. Peter Hille, der Abseitswandler, der verträumte Dichter von ‚Williams Abendröte‘, sendet uns vom Schlachtensee die Schilderung eines Bootunfalles, den er vom Ufer aus mit ansah. Es wird unsere Leser interessieren, dies nicht allzu seltene Ereignis, das gewöhnlich

---

[4] Anfangsverse des „Lieds von der Loreley" von Heinrich Heine, das von Friedrich Silcher vertont wurde.

[5] Die griechischen Schlussworte stammen von dem Philosophen Heraklit und bedeuten „Alles fließt".

nur von eiligen Reportern im Lokalbericht beschrieben wird, einmal in der Darstellung eines Dichters zu lesen, noch dazu eines Dichters wie Peter Hille, der ganz anders ist als die übrigen. Das Manuskript ist auf eine Rechnung und zwei Telegramm-Formulare mit Bleistift geschrieben; als Unterlage diente wohl eine Bank im Walde."

Bei seiner Beobachtung des kenternden Bootes hielt sich Hille offenbar auf dem Gelände der „Neuen Gemeinschaft" in der Seestraße 35–37 auf, dessen unbebauter nördlicher Teil eine Halbinsel bildete und durch einen „Drahtzaun" vom öffentlichen Uferweg getrennt war, der um den See herum führte.[6] Hier fanden am 29. Juni 1903 auch die „Waldspiele" statt. Die vielen Ausflügler deuten darauf hin, dass sich die „Katastrophe" an einem Sonntagnachmittag ereignete – vermutlich am 26. April 1903. Am gegenüber liegenden Ufer des Sees, der hier kaum breiter als 100 Meter ist, lag eine Badeanstalt, und vermutlich war es der Bademeister, der dafür sorgte, dass die übermütigen Ruderer die Ruhe bewahrten, und sie danach an Land brachte.

---

6 Zur genauen Lage und Bebauung vgl. Ulrich Wyrwa: Das Haus der „Neuen Gemeinschaft" am Schlachtensee. In: Helmut Engel u. a. (Hg.), Zehlendorf. Berlin 1992 (Geschichtslandschaft Berlin 4), S. 347–361.

16 Freie Liebe (1903)

Kein Schleier hat über der Feier gehangen,
Keine Myrte knapp umgrünt Deine Flechten,
Kein Gebetbuch geruht in Deiner Rechten,
In schämiger Unschuld nicht standen die Wangen.
Wir haben uns selber zusammengefunden,
In einsamen, kühne erglühenden Stunden,
Du mein Lieb von einst, Du mein Lieb für immer.

Kein Vergissmeinnicht sind jene Zeiten,
Kein Hirtenlied bei blöder Flöte,
Nein, bebend und blutend stand alles in Röte,
Uns warf zueinander reissendes Streiten,
Und Ringen und Qualen, kampfdurchblutete,
Und Liebe, von innigen Lippen durchglutete, –
Du mein Lieb von einst, Du mein Lieb für immer!

Und käme ein Engel im weissen Kleide,
Und käme der weisse Engel gegangen,
Unschuldige Röte auf träumenden Wangen,
Und fände uns Beide stehen im Leide
Und stände und spräche: „Ich nehme die Seele
Von Euch, was vergangen, die brennende Fehle,
Dir und dem Lieb von einst und für immer" –

Halt Engel, halt ein, die Hand von dem Leben,
Das uns in heisser Leidenschaft glühte,
Ein Scharlach in prächtiglohem Gemüte,
Mit schroffem Zorn und innigem Beben.
Ins graue Heute sehen die Tage
Wie eine nordlichtblutende Sage –
Du mein Lieb von einst, Du mein Lieb für immer.

Aus: Montags-Post, Jg. 3, Nr. 1 (15. Juni 1903), unpag. – Neu abgedruckt in: Hille-Post. Mitteilungen für die Freunde des Dichters Nr. 51 (Januar 2018), S. 39–40.

Die Wochenzeitung Montags-Post *wurde von Alfred Bernstein-Sawersky (1869–1938) in Berlin herausgegeben und setzte die gleichfalls von ihm herausgegebene Zeitschrift* Die Peitsche *fort, auf welche sich auch die Jahrgangszählung bezieht. Bernstein-Sawersky wird auch als Redakteur des Feuilletons ausgewiesen. Als Beiblatt zur* Montags-Post *erschien* Kampf! Blätter für Freiheit und Menschenrechte. *Dieses Beiblatt wurde damals von Alfred Bernstein-Sawersky und Senna Hoy (d. i. Johannes Holzmann) herausgegeben. Vorher erschien* Kampf! *als selbstständiges politisch-literarisches Blatt und wurde von Senna Hoy alleine herausgegeben. Zu den festen Mitarbeitern gehörten Adolf Levenstein und Maria Holma. – Bernstein-Sawersky verfasste mehrere Schauspiele, Possen und Operettenlibretti, teilweise gemeinsam mit Alexander Pordes-Milo (1878–1931). Er war der Stiefvater des bekannten Schauspielers Curt Bois. – Die fragliche Nummer der* Montags-Post *mit Beiblatt fand sich in den Sammlungen der Berlinischen Galerie (Landesmuseum).*

Diese erste Druckfassung von Hilles Gedichts entspricht weitgehend der Fassung in: Kampf, *Neue Folge, Nr. 14, 20. Januar 1905, S. 398. Sie beweist aber, dass Hilles Gedicht bereits zu seinen Lebzeiten erschienen ist und der Titel von ihm selbst stammt.*

Abweichende Fassung unter dem Titel „Eine Liebe" in: Gesammelte Werke, 3. Aufl. Berlin 1921, S. 56–57; *und ausgehend davon in:* Gesammelte Werke in sechs Bänden, Bd. 1, Essen 1984, S. 69–70. *Im Kommentar dazu auf S. 292 muss es natürlich heißen: „um die 1. Strophe gekürzt", statt: „um die 7. Strophe gekürzt". Allerdings halte ich es für denkbar, dass die erste Strophe nicht weggelassen wurde, sondern später, also* nach *dem Erstdruck, hinzugefügt wurde.*

17 „Oale, stierw doch!" Eine westfälische Dorfgeschichte (1904)

Es ist ein sonderbares Nest, dieses Holzhausen, worin ich meine Kinderjahre verlebte. Es zählt zwar nur gegen siebzig Häuser, kann aber nach Ansicht maßgebender Gelehrter auf einen Bestand von achthundert Jahren Anspruch erheben. Denn die Namen mit „hausen" folgen an zweiter Stelle hinter „kloster", „münster" und „born". Es besitzt eine Kirche, eine Schule, einen Hof und einen unverkennbaren Hang zu Branntwein und Holzdiebstählen.

Dieser ausgesprochenen Physiognomie entspricht ein ganz außergewöhnliches Gliederungsbedürfnis.

Da giebt es ein oberes Dorf mit Kirche, Schule und einem Dutzend Häuser.

Dann kommt als glänzender Mittelpunkt der Hof mit Schloßgarten und Wirtschaftsgebäuden, endlich die große Masse des unteren Dorfes.

Früher hatte das Unterdorf gegenüber dem geistigen Übergewicht des Oberen noch die Salzgerechtsame; der Vorsteher wurde meistens von hier gewählt, nun aber ist das Übergewicht ganz verschoben, das kleine geistliche Oberdorf hat nun auch noch das Vorsteheramt, dies bürgerliche Ansehen.[1]

Nun geben sich Landräte in ihren Mußestunden, wie es einem gebildeten Adligen zukommt, meistens standesgemäß mit Kreisgeschichte ab[2] und bestimmen aus der Blutmischung zwischen angesessenen Sachsen und eingedrungenen Franken, ob der sittliche Stand des Ortes ein guter oder weniger günstiger ist, denn am besten daran sind die Berge, da sind die erobernden Franken nicht hingekommen und haben sich nicht mit den Sachsen gekreuzt.

---

[1] Gemeindevorsteher war von 1891 bis 1898 Joseph Scheips, der im Oberdorf ansässig war. Auf ihn folgte Heinrich Böddeker, der wieder aus dem Unterdorf stammte.

[2] Hille bezieht sich hier auf Friedrich von Wolff, gen. Metternich (1816–1898), der von 1845 bis 1892 Landrat des Kreises Höxter war. Friedrich von Wolf hatte eine zweibändige historisch angelegte „Beschreibung des Kreises Höxter" (1870/77) sowie eine Schrift „Zur Hoheits-Geschichte des Kreises Höxter" (1898) verfasst. Seine Mutter war eine Geborene von Haxthausen.

Als ob es dem Eroberer, der doch einmal so weit hergekommen, nur noch auf einer Höhe von hundert bis zweihundert Fuß hätte ankommen können!

Holzhausen liegt in der Ebene, am Fuße eines Hügels[3], ist also weniger gut veranlagt.

Und doch hat es die Erschütterungen, die die letzten dreißig Jahre auch in die fernsten Erdenwinkel tragen, glücklich überstanden, es bekam einen Spritzer Kultur nach dem andern und zuckte nicht.

Die alten Männer mit ihren roten Westen, Kniehosen, Schnallenschuhen und buntgestreifter Zipfelmütze und die Frauen mit ihren enganliegenden Goldborthauben, dem besten Kopfschmuck ihrer ehelichen Würde, die immer langsam, an Krücken zuletzt, des Alltags morgens zur Kirche kamen, da des Tages Arbeit sie nicht mehr in Anspruch nahm, dieser gemeinsame Ehrenstand der immer wußte, wann wieder mal die Zeit untergehen sollte und sich tröstete, sie würden's nicht mehr erleben, wo ist er geblieben?

So still, so friedlich, so elementar sind sie geschieden, fast wie das Bild des Waldes. Auf einmal waren sie nicht mehr da, und das Nachgeschlecht trug ihr Erbe nicht auf.

Spinnrad und Flachsbrechen schwanden, statt Silbergroschen und Küßmännchen – einhalb und zwei Silbergroschen – der roten auf den Umschlägen sitzenden Marken[4] kam erst der deutsche Bund[5] und dann das Deutsche Reich mit seinen Marken und Reichsgeld, die Bahnen mehrten sich[6], man sprach durch den Draht, Hüte erschienen, Überzieher, zur Schule trägt man Mützen und die Rangen der „Besseren" gar Ranzen. Die Verkoppelung[7] hat das Antlitz der Gemarkung umgewandelt, Zeitungen erscheinen und der Briefträger

---

[3] Mit dem „Hügel" ist der Holsterberg (301 m) gemeint.

[4] Gemeint sind Briefmarken mit dem Kopf des bartlosen preußischen Königs Friedrich Wilhelm IV., die von 1850 bis 1860 Verwendung fanden. Rottöne trugen nur die Markenwerte von einem halben und einem Silbergroschen.

[5] Hille meint hier den 1867 gegründeten Norddeutschen Bund. Dieser ließ 1868/69 eigene Briefmarken mit der Aufschrift „Norddeutscher Postbezirk" drucken.

[6] Gemeint sind die Eisenbahnstrecken.

[7] Als „Verkoppelung" bezeichnete man im 18. und 19. Jahrhundert die Zusammenlegung von Acker- oder Wiesenflächen. Es handelte sich also um eine Vorform der Flurbereinigung. In Holzhausen fand sie primär von 1895 bis 1898 statt.

ist keine Seltenheit mehr, ja kommt nun zweimal ins Dorf. Vielleicht bringt man's noch zu einem Fahrrad.

Den „Lutterschen"[8], Juden, Bettlern, Blödsinnigen und Trunkenen ruft man nicht mehr so frech nach, ja schon die Hunde tragen ein mehr gelassenes, vieler Veränderungen gewohntes Wesen zur Schau. Die Rüböllampe mit ihrem birnenartigen Aufsatz ward ersetzt durch die erst maschinenmäßig umständliche, mit ihrer Stülpvorrichtung aufs Explodieren berechneten messingenen Solaröllampe, der dann die Platt- und Rundbrenner mit eisernen Kuppeln folgten. Leuchter, glatt grün oder kraus schwarz, früher der Stolz eines vornehmeren Hauses, sieht man nicht mehr.

Der Kulturkampf zog vorüber, sperrte die Dorfkirche und zwang die Einwohner in das nahe Städtchen.[9] Dadurch aber stieg auch der Schnapsverbrauch dort, und unten im Turm, wo sich die armen Sünder so um die Zeit der Predigt einfanden, duftete es nicht nach Weihrauch.

Predigten, auch wenn sie noch so persönlich zugespitzt werden, verfangen nicht mehr, auch dies letzte Mittel der Kanzel erweist sich unwirksam.

Wenn das Obst reif wird und sein Spitz so bellt, dann kann sich der Pastor überzeugen, daß die alten Sitten noch fortbestehen, und von seinem Obst der Zehnte genommen wird; kommen aber noch später – oder früher – am Sonntag – oder Montag – die jungen Burschen von der Stadt zurück, und ist am Vormittag eine recht scharfe Predigt ergangen, nun so schleichen sie sich nicht vorbei wie „die Johanns, die Johanns, die können was vertragen", sie schweigen nicht und lächeln dummpfiffig und treiben es weiter wie die, sondern bestätigen grölend, wie sie sich die Worte ihres Seelenhirten zu Herzen genommen.

Und die Messediener!

---

[8] Gemeint sind die Anhänger Martin Luthers, also die Mitglieder der evangelisch-lutherischen Landeskirche.
[9] Mit dem „Städtchen" ist Nieheim gemeint, das damals rund 1500 Einwohner besaß. Bismarcks Kulturkampf gegen die römisch-katholische Kirche begann 1871.

Ja, da waren neulich nur Kupferstücke im Klingelbeutel, als Pastors Haushälterin sich entsann, daß sie doch fünf Pfennig gegeben.

Und so konnte man von so und so viel Honoratioren so und so viel Nickelstücke vermuten.

Und nichts, nichts da.

Die Herren Messediener hatten den Klingelbeutel während der Predigt einer Revision unterzogen und nur das Kupfer übrig gelassen.

Ja, die Welt hat sich verändert, und weiter geht die Zeit.

Es ist eben nichts mehr unmöglich.

Das sagten sich die guten Holzhäuser auch, als es eines Tages hieß, der Berliner Doktor ist wieder gekommen.

Ja, wer ist denn der Berliner Doktor?

Nur die ältesten Leute wußten sich zu besinnen. In den zwanziger Jahren des vorigen Jahrhunderts, kaum aus der Schule gekommen, war er fortgegangen.

Aber Brenneke[10] war nicht ins Bergische[11] gegangen, er war wie von der Erde aufgesogen.

Und die „Bergischen" kehrten, soweit sie's nicht vorzogen im Gebiete der schwarzen Diamants[12] zu verbleiben, trotzdem die schönen Tage vorüber waren, an denen man Sonntags mit Cylinder sich präsentierte, zurück und bauten sich, oder waren sie noch jung, ihren Eltern, kleine nette Häuschen und wurden ehrfurchtsvoll angestaunt wie solche, die die Welt gesehen und es zu etwas gebracht.

Da, nicht lange nach dem französischen Feldzuge,[13] erschien ein sehr magerer, großer Mann in seiner schwarzen Kleidung.

---

[10] Es handelt sich bei der Hauptperson dieser anekdotischen Erzählung um den in Holzhausen geborenen Henrich Brenneke (1811–1898), der seinen Vornamen um 1830 zu Heinrich veränderte. Er war ein Sohn des Tischlers und Zimmermanns Hermann Brenneke und der Anna Maria Brenneke, geb. Kuhn.

[11] Das „Bergische" bezeichnet hier nicht nur das Gebiet des ehemaligen Herzogtums Berg, sondern das gesamte rheinisch-westfälische Industriegebiet.

[12] Die Steinkohle wurde von den Bergleuten auch als „schwarzer Diamant" bezeichnet. Der mit Hille bekannte Journalist Gustav Koepper (1872–1969), der damals in Gevelsberg wohnte, hatte 1896 in *Velhagen und Klasings Monatsheften* eine Reiseskizze unter dem Titel „Im Lande der schwarzen Diamanten" veröffentlicht.

[13] Gemeint ist der deutsch-französische Krieg von 1870 bis 1871.

Er mochte in der Mitte der Fünfziger stehen, und hatte eine Frau bei sich, rundlich und wohlerhalten, deren Seidenes nur so schillerte und deren Schmuck eine Baronin beschämen konnte.[14] Hochbeladene Wagen mit Betten und Möbeln, wie man sie, einige Honoratioren abgerechnet, in Holzhausen nicht kannte, kamen nach. Es war der Berliner Doktor, es war Brenneke, der nach einer Abwesenheit von vierzig Jahren wieder auftauchte. War das eine Merkwürdigkeit!

Dagegen verblaßte der Streit, den der Pächter vom Schäferhof gegen seinen hochgeborenen Grafen[15] sogar in einem gedruckten Gedicht zu führen wagte, und selbst die zündenden Verse: „Und mit seiner Scheinheiligkeit, / Betrügt er selbst die Geistlichkeit" des musenbeflissenen Ökonomen verloren den grausigen Reiz ihrer Kühnheit.[16]

Woher das ungeheure Vermögen kam, wußte man nicht recht. Brenneke war lange Jahre Heilgehilfe gewesen und als solcher in den Krieg gezogen.[17] Man munkelte so etwas von Hyäne des Schlachtfeldes.

---

[14] Henrich Brenneke hatte 1857 in Berlin die 33-jährige Caroline Düsterhöft geheiratet, die aus der Kleinstadt Schocken im Kreis Wongrowitz (Posen) stammte. Caroline Brenneke, geb. Düsterhöft muss kurz vor ihrem Ehemann gestorben sein; das genaue Sterbedatum ist nicht bekannt. Bereits 1839 hatte Brenneke in Berlin die 26-jährige Dorothee Sophia Juliane Girow aus Sternberg (Mecklenburg) geheiratet, die jedoch 1856 verstarb. Beide Ehen blieben kinderlos.

[15] Gemeint ist der (protestantische) Freiherr Alhard Leopold von der Borch (1845–1924). Möglicherweise bezeichnete man ihn im Dorf als den „Grafen".

[16] Diesen Vorfall hat Hille auch in seinem Roman „Die Hassenburg" aufgegriffen. Hier erhält der Pfarrer Besuch von dem Pächter: „Ganz fuchsig rotes Haar hatte der, wie ein Judas. Ein Pächter war es, ein als sehr streitsüchtig bekannter. Voll Bewunderung, die mit einem Schuß Grauen belebt war, sah man zu ihm auf und flüsterte von dem Spottgedichte, das er auf seinen Pachtherrn, einen Grafen von der Hünenburg, nicht nur gemacht, sondern auch hatte drucken lassen. Besonders erhalten geblieben im Gedächtnis und Mund des Volkes waren die ebenso beißenden wie meisterhaften Verse:
,Und mit seiner Scheinheiligkeit
Betrügt er selbst die Geistlichkeit!'"
(Peter Hille, Gesammelte Werke in sechs Bänden, Bd. 3, S. 323)

[17] 1839 hatte Brenneke als Beruf Hausdiener angegeben, 1857 Handelsmann. In den Berliner Adressbüchern war Brenneke nicht verzeichnet, was darauf hindeutet, dass er – zumindest formal – zur Untermiete wohnte.

Doch nur ganz im Geheimen!

Bescheiden genug war Brenneke im zweiten Kruge des Dorfes abgestiegen, bei Fähndrich Wiechers[18], nicht im ersten Hotel bei Tappen[19], wo außer dem Amtsblatt auch noch eine Zeitung, das „Westfälische Volksblatt" auflag.[20] Freilich, Brenneke ersetzte mehr als eine Zeitung.

Da saß er nun in der immer vollen Wirtsstube und erzählte und hielt seinen Bruder, den Polizeidiener,[21] frei, und alles wunderte sich, wie es so sonderbar in der Welt zugeht.

Dann zog Brenneke zu diesem Bruder, wenngleich dessen kleines Haus all die Sachen nicht recht zu fassen vermochte. Und der Berliner Doktor war die Zier des Ortes; denn er war einer von ihnen, einer, mit dem man umgehen kann; nicht bloß so ein äußeres Ornament wie die Honoratioren. Aber die Herrlichkeit hielt nicht stand.

Allmählich verschwanden die guten Möbel, die in der engen Stube auf einander gepackt gewesen, da zum Aufstellen kein Raum. Die kostbaren Kleider und Ringe waren eines Tages nicht mehr da.

Und nicht gar lange, da saßen beide, Mann und Frau, auf langen bläulichen Steinhaufen und klopften und klopften.

In der ersten Zeit ging mancher Schlag daneben, trotz des ledernen Schutzhandschuhes, und die blutbesprengten Läppchen kamen nicht von den Fingern.

Ging der Regen gar so kalt und säuerlich hernieder, so kauerten sie sich hinter das schräge Schutzdach.

---

[18] Der Gasthof Wiechers befand sich im Haus Nr. 54 (heute: Dorfstraße 7) und wurde vermutlich von Anton Wiechers (1778–1858) begründet. 1884 wurde er von Franz Scheips (1854–1946), einem früheren Spielgefährten von Peter Hille, übernommen und ist noch heute im Besitz seiner Nachfahren.

[19] Der Gasthof Tappe befand sich im Haus Nr. 24 (heute: Alter Postweg 4), das nach seinen früheren Besitzern den Hausnamen Tappe trug. Der Gastwirt war damals Ferdinand Fischer (1825–1905), um 1890 wurde er von seinem Sohn Johann Fischer (geb. 1859) abgelöst.

[20] Das katholische *Westfälische Volksblatt* erschien von 1849 bis 1936 im Paderborner Verlag von Ferdinand Schöningh.

[21] Henrich Brennekes älterer Bruder war der Polizeidiener Johannes Brenneke (1807–1880).

Nun dankte der Bruder Polizeidiener ab. Denn wegen vorgerückten Alters konnte er sein verantwortungsreiches Amt nicht mehr versehen. Trotz der großen, nun bis auf die Nasenspitze herabgerutschten Hornbrille fand er nur noch mühsam die Buchstaben seiner Verordnungen und öffentlich meistbietenden Versteigerungen zusammen, so daß sogar die Dorfgänse bei dieser Gelegenheit ihre schnatternd-wühlende Tätigkeit nicht mehr unterbrachen, während sie doch sonst es den Weibern nachthaten, die vor die Hausthür traten, sobald die mächtige Schelle erscholl, oder auch hingingen zu der leutselig wichtigen Persönlichkeit im blauen Kittel und mit der bunten Mütze, um der Sache auf den Grund zu hören.

Sogar die Gänse hatten ihre für den Ort gleichsam symbolische Neugier: „Was giebt es denn? Was ist denn schon wieder los?" aufgegeben, und damit allerdings auch ihn.

Und was da im Sommer und zur Erntezeit in den Gärten und auf den Feldern mauste, ließ sich kaum mehr stören.

Während früher bei dem Warnruf: „De Penner!" – der Pfänder – Hals über Kopf alles davonstürzte, ging man jetzt mit beleidigender Langsamkeit erst von dannen, wenn sein blauer Kittel durch die grünen Hecken schien, denn Blick und Beine trugen nicht mehr.

Da erkor das öffentliche Vertrauen an seiner Statt den Bruder.[22]

Darin lag viel!

Denn es war eben keine jüngere Kraft mehr, unser Brenneke.

Es lag darin die Bestätigung, daß das Dorf, von dem er so lange entfremdet gewesen, ihn wieder in sich aufgesogen; daß es ihn in der Familie bleibenden Beamtenadels für würdig hielt, der den ländlichen Neigungen so entspricht.

In vornehm ruhiger Weise waltete Brenneke seines Amtes, bis wieder nach einer Reihe von Jahren auch für ihn der Ruhetag kam.

Nun widmete er sich noch mehr wie bisher der leidenden Menschheit.

Wo nicht zwar der Doktor den Patienten, wohl aber der Patient den Doktor aufgegeben, berief man ihn. Stundenweit ging er mit seinen

---

[22] Henrich Brenneke muss sein Amt als Polizeidiener zwischen 1875 und 1879 angetreten haben. 1875 war er 64 Jahre alt.

Tränkchen. Die Fakultät[23] ließ ihn unangefochten, denn er bot ihr keinen Grund einzuschreiten, und der Pastor, dies frische, rheinisch-bäuerliche Element, der[,] weniger Moralist als Praktikus, das Leben gelten ließ und bei seinen Sonntagsnachmittags-Krankenbesuchen immer auch den Homöopathen spielte, wenn er des Vormittags brav auf die Kanzel geschlagen und dies oder jenes räudige Schaf etwas derb gezupft hatte, kam ihm nicht in das Gehege, denn er war noch unentgeltlicher als Brenneke.[24]

Denn es war so Brauch, daß nach erfolgreicher Kur jeder Genesene seinem Wohltäter ein Geschenk machte: eine Metze[25] Roggen, einen Sack Kartoffeln, oder was sonst das Haus vermochte.

Nun war da in Ottenhausen[26] ein Bäuerlein, das hatte das Reißen. Zwei Ärzte hatten sich damit herumgequält, aber das arge Reißen war geblieben. Da ward Brenneke berufen. Der ließ sich auch die zwei Stunden Weg nicht reuen und brachte nach einigen Besuchen den Leidenden wieder auf die Beine.

Als nun Brenneke das letzte Mal wiederkam, beglückwünschte er vergebens seinen Patienten zu seiner vollständigen Genesung, vergebens deutete er auf die Kartoffelfäule hin, die hier in Ottenhausen, wo mehr Sand sei, sicher nicht so stark sei, wie daheim.

Leer mußte er abziehen.

Und das dicke Ende kam noch nach.

Das sinnige Bäuerlein nun, nachdem es genesen, ernstlich geplagt von wegen der Ungesetzlichkeit seines Handelns, geht in seiner beunruhigten Unterthanenpflicht und um zugleich der drückenden Dankespflicht überhoben zu sein, hin und zeigt Brenneke an als Kurpfuscher.

---

[23] Gemeint ist die „Fakultät" der niedergelassenen Ärzte.

[24] Der sehr beliebte „rheinisch-bäuerliche" Pastor von Holzhausen war Michael Christ (1833–1908), der aus Rheinbrohl im Kreis Neuwied stammte. Christ begann seine Priesterlaufbahn am 27. Mai 1885 als Hilfsseelsorger in Holzhausen und wurde im Juli 1886 zum Pfarrer und Ortsschulinspektor ernannt.

[25] Die Metze ist ein altes Hohlmaß, das für Getreide (mit Ausnahme von Hafer) benutzt wurde.

[26] Dorf im Kreis Höxter mit damals rund 600 Einwohnern, rund 14 km von Holzhausen entfernt.

Doch trotzdem dies Gewerbe damals noch vogelfrei war, trotzdem noch kein Kneipp[27] der Naturheilkunde zur Verklärung verholfen und kein Schäfer Ast[28] sich ein Rittergut verordnet hatte, konnte eine Untersuchung nicht eingeleitet werden. Mißlungene Kuren lagen nicht vor, und Bezahlung hatte Brenneke nicht genommen.

So lebte er denn unangefochten weiter im vollen Genusse seiner fünfzig Mark Pension und freier Wohnung im Spritzenhause, dessen einziges Gelaß früher dazu bestimmt gewesen, den Ort vor Spitzbuben zu schützen[29] und nun Brenneke als Wohnraum, Schlafzimmer und Vorratskammer zugleich diente.

Mit Holz und Essen half der Baron[30] aus.

Da hieß es: „Brenneke wird woll stiärwen."

Der Baron hatte noch in der Nacht den Kutscher mit einem Wagen zum Arzt geschickt. Dieser hatte nichts Eiligeres zu thun, als schweren Typhus festzustellen und seinen Kollegen demgemäß aufzugeben.

Und so redete denn auch die Frau in diesem Sinne auf den Stöhnenden ein: „So stiärw doch, Oalle, Dau moßt ja doch stiärwen, un et is auk am besten sou. Dann bist Dau der met eens vom af!" (Dann bist du mit eins damit fertig.)

Aber trotz dieses liebevollen Zuspruchs seiner treuen, langjährigen Lebensgefährtin ließ sich Brenneke nicht überreden.

Es sagte ihm eben noch nicht zu, zu sterben.

„Neen, Oalle, ik stiärwe noch nich. Oewerst hungrik bin ick. Hest Du der nicks to iäten (essen)? Katuffeln met Speck!"

---

[27] Der katholische Priester Sebastian Kneipp (1821–1897), der seit 1855 in Wörishofen lebte und dort seine „Wasserkur" populär machte.

[28] Der einstige Schäfer Heinrich Ast (1848–1921), der seit 1873 in Radbruch bei Lüneburg lebte und seine Diagnosen anhand der Nackenhaare seiner Patienten stellte, galt als „Wunderdoktor" und fand in den 1890er Jahren einen heute kaum vorstellbaren Zulauf. Im Dezember 1896 hatte er das an der Elbe gelegene Rittergut Wuhlenburg erworben.

[29] Die Spritzenhäuser, die in den westfälischen Dörfern zwischen 1830 und 1850 erbaut bzw. eingerichtet wurden, dienten der Unterbringung von einer Feuerspritze und sonstigem Löschgerät. Sie hatten meist eine Grundfläche von rund 30 Quadratmetern. Häufig erhielten sie später auch eine Arrestzelle.

[30] Auch mit dem „Baron" ist wieder Freiherr Alhard Leopold von der Borch gemeint.

„Oewerst de Dokter het es doch verbuoden."

„De Dokter, de Dokter! Wat heww ick met den Dokter to daun?"
Kopfschüttelnd kochte die Frau; Brenneke aß und wandelte, ein
Neunziger,[31] wieder über die Straße, um dem Baron für seine Un-
terstützung zu danken.

Und Sonntags stand er wieder in der Kirche auf seinem Zöllnerplatz
neben den kleinen kopfwackelnden Fahnen, die den eilenden Frauen
voranflatterten bei Prozessionen, stand da mit seinem altersgrünen
Rock und zusammengegangenen grauen, nun fast weißen, sauberen
Hosen, während die Sitzteile der Bauern vorsichtig und umständ-
lich hinter den bedächtig aufgenommenen Rockschößen die Bank
suchten. Die Vorhemdsbändchen aber waren wie Zeiger einer Uhr,
und die Sitzteile selbst, die sich so der Bank näherten, zeigten nach
ihrer Stattlichkeit das Grundvermögen an, ebenso wie die Falten,
die nun oben am Nacken über den zum Platzen gespannten Rök-
ken sich wulsteten, unter großen, kurzgeschorenen, eigensinnigen
Knabenköpfen, worin es ebenfalls nach Schwielen aussehen mußte.
Über ihnen aber schütterten segensreich wie Palmenbäume die von
den Familien geschenkten großen Kirchenfahnen, die sich mit ihren
goldenen Kreuzen herausfordernd in der Kirche umsahen. –

Aus: Unterhaltungsblatt des Vorwärts, Nr. 147, 28. Juli 1904, S. 586–587.

*Verantwortlicher Redakteur des Unterhaltungsblatts, einer Beilage zum
sozialdemokratischen Vorwärts, war damals Paul Büttner (1860–1925),
der aus Parchwitz im Kreis Liegnitz stammte und zuletzt als Redaktions-
sekretär des Vorwärts arbeitete. Hilles Manuskript dieser Erzählung dürfte
ihm schon vor dem Tod des Verfassers am 7. Mai 1904 vorgelegen haben.
In den Werkausgaben ist die Erzählung nicht erhalten.*

*Hilles Vater Friedrich Wilhelm Hille (1827–1901), vormals Lehrer, wurde
1860 „Freiherrlich von der Borch'scher Rentmeister". Als Wohnhaus für die
Familie Hille kaufte der Freiherr ein ehemaliges Bauernhaus im Oberdorf
von Holzhausen und ließ dieses renovieren. Es handelte sich dabei um das
Haus Nr. 40, das 1939 abgerissen und wenig später durch einen Neubau*

---

[31] Hier übertreibt Hille ein wenig (oder wusste es nicht besser). Henrich Brenneke
erreichte das im 19. Jahrhundert ungewöhnlich hohe Alter von 87 Jahren.

ersetzt wurde (heute: Im Oberdorf 4). Hier lebte Peter Hille bis zum August 1869. Die vorliegende „Dorfgeschichte" muss zwischen 1900 und 1904 entstanden sein, da Hille vom 19. Jahrhundert als dem „vorigen Jahrhundert" spricht. Vermutlich wurde sie durch Hilles Aufenthalte in Holzhausen und Nieheim im August 1901 sowie im August und Oktober 1902 angeregt. Der heilkundige Henrich Brenneke, über den Hille hier berichtet, starb am 15. Juni 1898 im Nieheimer Krankenhaus.

Der westfälische Schriftsteller Friedrich Heinrich Otto Weddigen (1851–1940) hatte 1887 viel Erfolg mit seinem Erzählband „Von der roten Erde. Westfälische Dorfgeschichten und andere Erzählungen". Möglicherweise war Hille durch dieses Werk zum Untertitel „Eine westfälische Dorfgeschichte" angeregt worden.

18 Die neue Kirche

Die Konfessionen verlieren ihren körperschaftlichen Wert und werden durch eine neue Kirche ersetzt, die äußerlich nichts weniger als anerkannt wird als solche. Ja, noch mehr, sie selbst würde sehr erstaunt sein, wollte man sie als solche ansprechen, und sie verwahrt sich auch dagegen: denn nur sehr ungern zu Agitationszwecken erklärt sie in Versammlungen „Religion ist Privatsache" und entschuldigt sich dafür in Genossenkreisen durch Schwelgen in „Atheismus" und wahre Orgien materialistischer Halbbildung.

Aber sie ist doch eine Kirche, eine wachsende Kirche; denn sie hat die schwersten Verfolgungen überstanden und daraus nur Anlaß zu größerem Wachstum genommen, ganz wie das junge Christentum oder der neuerdings im gegliedert-echten, im organischen Conservatismus des als [Erwerbsverbindung?] sich lebenskräftig erweisende Katholizismus im Kulturkampf[.] Auch breitet sie sich aus von Staat zu Staat, von Erdteil zu Erdteil wie das die Kirche aller Bekenntnisse ja auch gerne mit mehr oder weniger Recht von sich so gerne behauptet.

~~Man weiß~~ Man [denkt?] wol, xxxxxxxxxxxxxxxxxxxxxx Sozialdemokraten.[1] Aber sind es denn die, welche Ja ja sagen, zu irgend etwas Ja ja sagen, welche Gottes oder sind es die, welche den Willen Gottes tun?

Und diese Grund-, diese Geisteskirche ist es, die auch der Sozialdemokratie ~~Alls~~ Alles dessen entkleiden wird, was einseitig, beiläufig und verkehrt ist an ihr, und nur den Gerechten in ihr, und das ist nicht eben wenig, jedem zu freier Wirksamkeit verhelfen wird.

~~Ebenso wird das mit den A~~ Das ist die Geisteskirche, die auch hinter der Sozialdemokratie, wie überhaupt hinter allen zu engen, gewaltsamen, eigensüchtigen ~~Ordugen~~ Ordnungen steht, ganz gleich welcher Art sie sind; diese ist es, die diese Ordnungen noch erhalten hat, soweit etwas von ihrem Geiste darin wohnt; diese Kirche ist es, die den Menschengeist frei macht von Laster und schwärender Entartung, das ganze Leben durchdringt und alsbald in ihrer vorurteilslosen Frei-

---

[1] Auf Grund eines Papierknicks ist die Tinte in diesem Satz extrem verblasst. Mehrere Wörter sind nicht mehr lesbar.

heit und in ihrem alte und neue Testamente durchglühenden ernsten Gottesgeiste die große Confluentia[2] herbeiführt, wo es vielleicht noch Unterscheidungen, jedenfalls aber keinen Zwist mehr gibt. Sie trügt sich nicht mit Lehren und Geboten; der göttliche Geist genügt sich selbst – auch in der Menschenwelt.

In den Weiten wohnt dieser Freiheit Friede und findet [fernstes?] All in sich und sich im All liebende Heimat.

Peter Hille

* * *

2

Daß man so etwas Überflüssiges auch noch sagen, immer und wieder sagen muß.

Häuser auf diesem Grunde ~~setzen~~ stürzen nicht mehr ein und werden nur immer wieder durch bessere ersetzt, wie der Strom des Lebens weiter und weiter fließt.
Peter Hille.

Quelle: Autograph (erworben 2023 von der Peter-Hille-Gesellschaft).

Zur Datierung: Der Text setzt das Ende des Kulturkampfs (1887), die Auf-hebung des Sozialistengesetzes (1890) und den auf dem Erfurter Parteitag der deutschen Sozialdemokratischen Partei beschlossenen Programmsatz „Religion ist Privatsache" (1891) voraus. Die Ausbreitung der Sozialde-mokratie von „Staat zu Staat" und „Erdteil zu Erdteil" zeigte sich bei den internationalen Kongressen, die 1893 in Zürich und 1896 in London statt-fanden. Eine gewisse Annäherung an die sozialistische Arbeiterbewegung ist bei Hille seit 1897 festzustellen. Inhaltliche Parallelen zu dem Autograph „Urgründe des Antisemitismus", in der Hille von der „Geistesgemeinschaft gottesfreudig zwangloser Menschenschaft" spricht, die „zugleich Kirche" sei, lassen eine Entstehung um 1900 als wahrscheinlich annehmen. Vgl. Walter Gödden/Michael Kienecker/Christoph Knüppel: Welt und Ich. Neue Peter-Hille-Funde. Bielefeld 2015 (Aufgeblättert Bd. 2), S. 92–101.

---

2 Confluentia: (lat.) Zusammenfluss.